상위 1퍼센트의
결정적 도구

상위 1퍼센트의
결정적 도구

초판 1쇄 인쇄 2020년 9월 7일
초판 1쇄 발행 2020년 9월 14일

지은이 신익수

펴낸이 이상순 **주간** 서인찬 **편집장** 박윤주 **제작이사** 이상광
기획편집 박월, 이주미, 이세원 **디자인** 유영준, 이민정
마케팅홍보 신희용, 김경민 **경영지원** 고은정

펴낸곳 (주)도서출판 아름다운사람들
주소 (10881) 경기도 파주시 회동길 103
대표전화 (031) 8074-0082 **팩스** (031) 955-1083
이메일 books777@naver.com
홈페이지 www.books114.net

생각의길은 (주)도서출판 아름다운사람들의 교양 브랜드입니다.

ISBN 978-89-6513-616-3 13190

이 도서의 국립중앙도서관 출판예정도서목록(CIP)은 서지정보유통지원시스템 홈페이지(http://seoji.nl.go.kr)와
국가자료종합목록구축시스템(http://kolis-net.nl.go.kr)에서 이용하실 수 있습니다. (CIP제어번호 : CIP2020034692)

음악 저작권 KOMCA 승인필

불완전한 세상에서 스스로 원하는 것을 얻은 사람들

상위 1퍼센트의
결정적 도구

대한민국 최고들의
성공 도구는 무엇이 다를까?

| 신익수 지음 |

The Hidden Tools

프롤로그

선택과 속도의 차이,
특별한 공식을 찾고 있다면

'치사하다. 약간 교활하고 자기의 이익을 위해서 잔꾀를 부린다.'

국어사전에 나오는 '얍삽하다'의 풀이다. 일단 고백부터 하고 간다. 나, '얍삽'하다. 얍삽 정도가 아니다. 대놓고 '얍삽함'으로 먹고산다. 『닥치GO! 여행』, 『당일치기 총알여행』, 『1박 2일 총알스테이』, 『짠내투어』그리고 최근에 쓴 『100만 클릭을 부르는 글쓰기』까지. 이게 다 필자의 작품이다. 인문학, 역사학 고수와 소설가들까지 가세한 여행업계에 '간얍알(간편·얍삽·알뜰)'이라는 말도 안 되는 콘셉트로 진검승부를 펼친 것이다. 얼마나 얍삽한가. 남들은 비웃는다. '깊이가 없다', '얍삽함의 극치다'며 깔본다.

이럴 때 나는 웃어준다. 그리고 비틀어서, '다르게 *different*' 이야기해 준다. 여행작가만 1만 명, 소설가에 역사학자까지 가세한 레드오션 여행 출판가에 '다름 *difference*'으로 승부수를 던졌다고.

10년째 여행 전문기자로 활동 중이지만 일찌감치 나는 알았다. 얕은 지식에, 깐족거리는 문체로는 이 바닥에서 백전백패라는 걸. 『여행의 이유』를 쓴 소설가 김영하보다 유려한 문체로 여행기를 쓸 수도 없고, 유시민 작가보다 더 깊은 철학적 상식으로 유럽 여행 이야기를 풀어 낼 수도 없다. 국내 여행? 유홍준 교수처럼 해박한 역사적 지식도 없으니, 써봐야 꽝이다.

그래서 아예 다르게 뒤집어 버렸다. 김영하, 유시민, 유홍준은 절대 상상조차 할 수 없는 여행책. 그렇게 탄생한 게 이전에 내가 선보인 책들에서 보여 준 '3분 컵라면'식 여행법이다. 발간한 책 대부분 5쇄 이상은 찍었고, 심지어 '간압알' 여행의 철학을 풀어달라며 방송 요청까지 쇄도했으니, '다름'의 전략은 놀라운 성공을 거둔 셈이다.

훗날 이어령 교수의 짤막한 유튜브 영상을 보다 깜짝 놀랐다. '모두가 일등이 될 수 있는 관점'에 대한 주제를 그는 이렇게 요약했다. "360명이 한꺼번에 100미터 달리기를 한다. 놀랍게 모두가 1등 할 수 있는 방법이 있다. 어떻게? 360명 모두가 하나의 골인 지점이 아닌, 다른 방향으로 달려가면 된다."

여행 전문기자 생활 10년 만에, 미친 듯이 깨지고 부딪쳐 체득한, 이 다름의 전략이, 3분 남짓한 영상 안에 담겨 있었던 거다. 말하자면, 3분짜리 이 영상을 보지 못했던 탓에, 10년이라는 세월을 돌고 돌아온 셈이었다.

굳이 말하자면 이 책은 이런 깨달음에서 기획된 것이다.

시중에 자기계발서는 많다. 통찰력과 멘탈력에 관한 책들도 부지 기수다. 문제는 적용 방법이다. 차근차근 읽고 천천히 따라 하다 보면 누구나 인생 멘토의 경지에 오를 수 있다. 하지만 호흡이 느리고 지루할 수 있다. 특히나 인생 후반기, 지팡이를 짚은 채 깨달음의 통찰을 머릿속에 넣게 된다면 무슨 소용이 있을까.

뭔가 필요한 순간, 바로 써먹는 '통찰력 3분 컵라면' 같은 책이 필요한 이유다.

부富에도 추월차선이 있는 것처럼, 통찰력에도 추월차선이 분명히 있다. '통찰력의 추월차선' 드림팀을 모아보면 어떨까 싶었다. 그렇게 대한민국 20인의 대표 인생 멘토를 선정했고, 그 과정에서 총알처럼 흡수할 수 있는 멘탈력의 엑기스를 뽑아냈다.

예컨대 이런 식이다. 기획력, 창의력이 절실히 필요한 순간이다. 그런데 아이디어가 도통 떠오르지 않는다. 이럴 땐 '창의력 멘토' 나영석 PD가 등장한다. 밋밋한 콘텐츠에 스파크를 만들어 내는 꿀팁을 바로 전해준다. 삶에 지쳤다. 힐링이 급박하다. 이 순간 힐링에 대한 통찰력만큼은 최강인 혜민 스님이 '케렌시아Querencia, 안식처'를 만들어 내는 비법을 알려준다.

삶에 너무 힘이 들어가는 순간이 있다. 욕심 탓일까. 몸의 근육도, 마음 근육도 뭉쳐 있다면. 행복 전도사 이해인 수녀님이 등장해 '삶에 힘을 빼는 법'을 귀띔해 준다.

탁월한 관점이 필요할 땐 이어령 교수가 '다름'에 대한 이야기와, 그 다름을 바탕으로 '더 원The One, 특별한 한 사람'이 되는 법을 들려준다. 새로운 생각이 떠오르지 않을 땐, 원래 있던 것을 새롭게 보이게 하는 '에디톨로지*editology, 편집학*의 낯설게 하기' 기법을 김정운 교수가 전수한다.

'만년 2등 인생'에 괴로우신가? 그렇다면 국민 작가 이현세 화백이 있다. 그가 새해 첫 강의 때마다 귀가 아프게 들려준 '천재를 이기는 법'을 주입해 준다. 회사 부장한테 깨졌거나, 사표를 쓰기 직전의 분통 터지는 순간이라면? 소설가 이외수의 '존버정신' 장착법을 바로 배우면 된다. 성공에만 이끌려, 삶을 돌아볼 겨를조차 없었다고? 김창옥 교수가 "가끔은, 숨을 쉬라"고 충고해 준다.

열심히 하고 차근차근 과정을 밟아가야 성공한다고? 천만의 말씀이다. 대한민국을 대표하는 상위 1퍼센트 타이탄들은 속전속결, 절묘한 '다름'의 통찰로 세상과 삶의 문제들을 해결해 가고 있다.

자, 그대 앞에 두 갈래의 길이 펼쳐져 있다. 하나는 열심히, 천천히, 그리고 정도를 걸으며 인생의 통찰을 얻어가는 서행차선이다. 그 옆에는 스펀지처럼 상위 1퍼센트의 통찰력을 흡수할 수 있는 '통찰력의 추월차선'이 있다. 인생 말년에 지팡이를 짚고 통찰력을 얻고 싶은가, 아니면 인생 멘토들의 '결정적 도구'를 바로 써먹고 상위 1퍼센트로 도약하고 싶은가! 그대는 어떤 길을 가고 싶은가?

신익수

차례

1장

The Hidden Tools

문제의 수준에서는
결코 해결책을 찾을 수 없다

성공의 공식, '능동적 집착'

영화감독

봉준호

Obsession, 집착. 검색 사이트에서 이 단어를 검색하면 '어떤 것에 늘 마음이 쏠려 잊지 못하고 매달림'이라는 풀이가 나온다. 풀이부터 역시나 부정적이다. 많은 인생 멘토가 마찬가지로 한결같이 입을 모아 하는 말이 '집착하지 말라'는 조언이 아니던가. 그런데 여기, 그와 반대로 오히려 집착하라고 말하며 집착을 즐기고, 그 집착을 좇은 뒤에 해소의 순간을 만끽하라는 멘토가 있다. 바로 봉준호 영화감독이다. 이제는 세계적 영화 스타가 된 영감의 멘토다. 단, 주의할 게 있다. 그가 말하는 집착은 수동적*passive* 집착이 아닌, 능동적*active* 집착이어야 한다는 점이다.

적극적으로 집착하라

수동적인 것과 능동적인 것의 차이는 무엇일까. 이렇게 생각해 보자. 게으름에는 두 가지가 있다. 수동적인 게으름과 능동적인 게 으름이다. 수동적인 게으름은 정말이지, 그냥 '게으름'을 말한다. 그 자체로 소비적이면서 소멸적이고 비생산적이다. 반대로 적극적이 고 능동적인 게으름은 여유요, 힐링이다. 긍정적인 기운을 불어넣 기 위한 쉼의 영역이니 이 게으름은 생산적이면서, 파워풀한 쉼이 된다.

수동적, 능동적 경계를 가르는 가장 중요한 핵심은 '통제력*Control*' 이다. 자신이 그 게으름에 대해 통제력을 가지면 그 게으름을 여유 와 힐링의 영역으로 바꿔 버릴 수 있다. 반대로 통제력을 잃은, 수 동적인 게으름은 소멸적이면서 비생산적인 게으름으로 전락한다.

집착의 경우도 마찬가지다. 통제력을 가지고 능동적으로 집착한 다면, 이 집착은 '생산적인 집착'이 될 수 있다.

봉준호 감독은 이 지점을 강조한다. 그가 한 강연에서 어느 영화 계 일화를 예로 든 적이 있다. 세계적인 영화 거장 스탠리 큐브릭 감독이 또 한 명의 거장 스티븐 스필버그 감독에게 물었다. "영화 찍을 때, 진짜 싫을 때가 있느냐?" 그러자 1초의 망설임도 없이 스 필버그가 말한다. "차에서 내릴 때."

봉 감독은 영화판에서 감독 역할을 해 본 사람이라면 이 말 뜻에 공감할 것이라고 말한다. 영화 촬영 현장의 장면을 상상해 보라. 수백 명의 스텝과 배우들이 감독을 잡아먹을 듯이 기다리고 있다. 그들 사이로 감독의 차가 도착한다. 아, 얼마나 내리기 싫을까. 현장에서는 감독이 차에서 내리자마자 스텝들과 배우들의 질문이 수백 개씩 쏟아진다. 일일이 답하고, 또 촬영에 몰입하기까지 이 과정은 거장들에게도 가장 싫은 순간일 수밖에 없는 것이다.

오스카 외국어상까지 수상했고 영화판에서 산전수전을 다 겪은 폴란드의 거장 안제이 바디아 감독이라고 예외는 아니다. 그 역시 엑스트라 500여 명이 대기한 촬영장 앞에서 운전기사에게 차를 세워 달라고 요청한 적이 있다. 그러고는 차에서 내리자마자 토를 한다. 그만큼 현장에 가기 싫었던 것이다.

이런 이야기를 봉 감독이 예로 든 이유가 무엇일까?

그건 집착에 대한 이야기를 하고 싶어서다. 차에서 내리기 싫은 심리는 곧 불안과 공포다. 이 불안과 공포의 근원은 '집착'이라고 그는 잘라 말한다. 창작자인 감독에게는 (영화 한 편을 찍을 때) 머릿속에 기어코 찍어야 하는 '장면'이 있다고 한다. 영화 한 편이 크랭크인해서 크랭크업할 때까지 머릿속에 담아 둔 장면, 매 순간 그 장면을 찍기 위해 집착한다. 그로 인해 불안과 공포는 극에 달한다. 마침내 그 장면이 찍히는 순간, 불안과 공포는 씻은 듯이 사라진다. 그런 과정을 통해 명작, 대작이 나온다는 설명이다. 집착, 그것도 능동적인 집착이 성공을 만들어 내는 원동력이 되는 것이다.

〈괴물〉, 〈마더〉, 〈설국열차〉의 집착

봉준호 감독의 영화에는 어떤 '능동적 집착'이 숨어 있을까?

봉준호 감독은 '부조리에 집착'했다고 말한다. 우선 〈괴물〉부터 들여다보자. 영화 〈에어리언〉과 같은 몬스터 영화를 보면 항상 정해진 공식이 있다. 괴물의 신체 일부라도 제대로 보려면 무조건 한 시간 이상을 기다려야 한다는 것, 꼭 어두운 장면에서 괴물이 갑작스럽게 등장한다는 것 등이다. 봉 감독은 이런 클리셰가 싫어지기 시작한다.

기다림, 어두움, 이런 공식 따위를 뒤집고 싶다는 집착이 스멀스멀 올라왔고, 결국 상투적인 괴물영화 공식을 뒤집겠다는 '능동적' 집착이 발동하기 시작한다.

영화 〈괴물〉의 부조리한 집착

1. 무조건 영화 시작 15분 안에 괴물을 등장시킨다.

2. 백주대낮에, 햇빛 아래서, 가장 넓고 편한 장소를 택한다(한강이다).

3. 영화를 찍는 감독, 스텝들조차 말이 되지 않는 부조리한 상황을 만든다.

실제로 영화 속에서는 영화 시작 10분여 만에 괴물이 등장한다. 괴물은 정신없이 한강을 뛰어다니고 여기저기서 시민들이 뒤섞이는 아수라장이 펼쳐진다. 영화 속 사람들도, 심지어 영화를 찍는 봉 감독도 "한강 한복판에서, 백주 대낮에, 괴물이 등장하다니 참 자연스럽죠?"가 아니라 "이게 말이 되니?"라고 되물을 정도로 철저히 부조리한 상황에 노출시킨 것이다.

집요할 정도의 부조리에 대한 집착은 앵글에서 드러난다. 너무나 일상적인 한강에 대한 카메라 시선, 즉 앵글은 서강대교를 지나는 시내버스에서 한강 쪽을 내려다본 시선으로 버스 안 시점을 보여준다. 이때 또 하나의 '집착' 장치를 추가한다. 이런 말도 안 되는 부조리한 상황에 뜬금없이 버스 안 라디오에서는 '57분 교통정보'가 흘러나오는 것이다. 봉 감독은 말한다.

"서강대교를 달리는 버스 안 사람들이 바라보는 시점인 거죠. 라디오에선 57분 교통정보가 나옵니다. 그런데 한강변에선 괴물이 뛰어다니고 있습니다. 이런 식이죠."

라스트 신에 모든 것을 집착했던 영화는 놀랍게도 〈마더〉(2009년)다.

자식이 효도관광으로 보내 준 고속버스 안. 〈마더〉주인공 엄마뿐 아니라, 그 버스에 탄 엄마들이 미친 듯이 춤을 추면서 이 영화는 끝이 난다. 봉 감독은 이 장면에 대해 두 시간짜리 영화가 그 장면 하나를 위해 달려가는 느낌이 촬영 내내 들었다고 회상한다. 과연 집착왕의 라스트 신 집착이다.

그 집착의 근원은 18년 전쯤 오대산 여행 때라고 그는 회상한다. 오대산 주차장 입구에 관광버스 한 대가 서 있었는데, 그 버스를 가득 메운 40~50명의 어르신들이 한동안 내릴 생각은 않고 춤만 추고 있었다고 한다. 얼마나 흥에 겨우면 저러실까 싶었다고. 이후 그 장면은 어떤 영화에서든 반드시 관객들에게 보여 주겠노라는 집착으로 남았는데, 그게 결국 〈마더〉에서 폭발적으로 터져 나온 셈이다.

정신 나간 사람처럼 놀 수밖에 없는 어르신들 감정에 충실한 듯한 장면 같지만, 그는 집요하리만치 준비를 많이 한, 테크닉의 극강이 만든 인위적인 장면이라고 강조한다.

영화 〈마더〉의 부조리한 집착

1. **태양광선이 수평으로 버스를 관통할 것.**

2. **1번의 미션을 위해 남북 방향으로 뻗은 도로를 찾을 것.**

3. **태양광선이 수평으로 버스를 관통하는 시간은 아침 30분, 해질녘 30분. 기회는 하루 딱 두 번.**

조건 변수가 벌써 세 개다 보니 보통 집착으로는 만들어 낼 수 없는 장면이다. 하지만 그는 능동적 집착으로 이 장면을 만들어 내기 시작한다.

"인천공항 주변에서 이 도로를 결국 찾아냈지요. 사방이 뻥 트였

잖아요. 건물도, 사람도 없고. 문제는 그다음이었죠. 도로와 달리는 고속버스 그리고 태양이 90도 각도를 딱 이루는 날을 잡아야 했어요. 그날을 홍경표 촬영감독이 1월 7일로 못을 박았습니다."

그리고 그날, 마치 다큐멘터리처럼 라스트 신 촬영이 진행된다. 버스 속 아주머니들의 몸부림, 창문을 뚫고 그대로 비춰드는 태양, 움직이는 카메라. 망원렌즈를 그냥 끼운 채 그대로 찍어버린 것이다.

그리고 그는 이날, 비로소 영화 촬영 내내 이어진 불안과 공포의 근원을 털어낸다. "인천공항 옆 매립지에 몸속 종양 덩어리를 통째로 빼서 툭 바닥에 던지고 집으로 돌아오는 기분." 그가 표현한 이날의 속마음이다. 그리고 이렇게 덧붙인다. "그렇게 개운할 수가 없었다"라고.

영감은 얻는 게 아니라 발견하는 것이다

봉준호 감독은 영감 멘토다. 400억 원을 들여 26개 기차 세트에서 계급사회의 구동 방식을 그려낸 〈설국열차〉 현장, 아카데미상을 휩쓴 〈기생충〉 스토리, 〈괴물〉, 〈마더〉의 어두운 진실에 이르기까지, 그의 영감은 어디서 어떻게 얻어지는 걸까.

엉뚱하게도 그는 '일상'과 '주변'을 지목한다. 영감의 원천은 도처에 널려 있다는 것이다. 그렇다면 왜 그런 것들이 일반인들에게는 보이지 않는 걸까.

봉준호 감독은 단호히 말한다. 영감, 즉 아이디어는 얻는 게 아니라고. 영감은 발견하는 것이고 찾아내는 것이라고 말이다.

영감을 알아보고 알아채는 눈을 만드는 게 창작자의 과제요, 문화계의 영원한 숙제라는 것이다.

마지막으로 드는 의문이 있다. 그렇다면 세계를 홀린 〈기생충〉이나 〈설국열차〉처럼 그는 관객을 의식하고 관객들의 입맛에 맞춰 영감과 아이디어를 찾는 걸까?

이 대목에선 만유인력의 법칙을 발견한 과학자 뉴턴과 엇비슷한 논리를 편다. 뉴턴은 증권시장에서 쪽박을 찬 뒤 "천체의 움직임은 센티미터 단위까지 측정할 수 있지만, 주식시장에서 보이는 인간의 광기는 도저히 예상할 수가 없다"라는 말을 남긴다.

이 또한 마찬가지다. 워런 버핏의 멘토 벤자민 그레이엄이 심술궂은 증권시장, 즉 '미스터 마켓'의 심리를 읽을 수 없다고 언급한 것처럼, 봉 감독은 '미스터 관객'의 마음은 도저히 읽어낼 수 없다고 잘라 말한다. 영화 〈기생충〉으로 세계를 홀렸지만 그 역시 자신의 영감이 대박이 날 줄 몰랐다는 의미다.

그렇다면 결국 성공도 운에 맡겨야 하는 것일까.

봉 감독은 "어차피 모르고 예측이 불가능할 바에는 (자신의 신념에 따라) 소신껏 하자"라고 스스로에게 최면을 많이 걸었다고 강조한다. 철저히 그리고 투철하게 오직 관객만의 취향을 고려해 기획한 대작들도 결국 (개인적 취향에 따라 만든 영화와 비교하면) 흥행에 성공하거나 실패하는 확률은 대동소이하다.

그가 영화를 찍을 때 늘 가슴에 새겨 두는 말이 있다. 그는 강연 때마다 자주 이 말로 끝을 맺는다. "내가 제일 첫 번째 관객이다. 내가 보고 싶은 영화를 찍는다." 그의 소신이 잘 묻어나는 말이다.

이 말은 영화 〈기생충〉으로 4관왕 신화를 일군 2020년 미국 아카데미 시상식에서 이렇게 다시 언급된다.

"가장 개인적인 것이, 가장 창의적인 것이다 *Most Personal, Most Creative*."

봉 감독이 공통적으로 말하고 싶어 하는 것은 주어 '나'다. 예측이 불가능한 성공의 세계에서 남을 위해 뛰나 나를 위해 뛰나 성공 확률이 대동소이하다면, 남을 위해 뛰기보다는 자신을 위해 뛰라는 주문이다.

당신은 어떤가. 내가 발견한 영감, 나를 위해 쓰고 있는가, 아니면 남을 위해 쓰고 있는가.

오늘도 남을 위해 뛰었는가, 나를 위해 뛰었는가.

봉 감독의 집착을 보러 오세요

영화 〈기생충*parasite*〉이 아카데미 시상식에서 4관왕(최우수작품상·감독상·외국어영화상·각본상)을 차지하면서 서울시가 아예 기생충 관광 코스를 소개하고 있다. 기생충에서 봉준호 감독의 능동적 집착을 볼 수 있는 서울 소재 기생충 촬영지 탐방 코스는 4곳이다. 마포구의 '돼지쌀슈퍼'와 '기택 동네 계단', 종로구에 위치한 '자하문 터널 계단', 동작구 '스카이피자' 등지다.

서울 마포구 손기정로에 있는 '돼지쌀슈퍼'는 극중 기우(최우식)가 친구인 민혁(박서준)에게 과외 아르바이트를 제안받는 장소다. 극중에서는 '우리 슈퍼'로 나왔지만 실제 상호명은 '돼지쌀슈퍼'다. 실제 이 슈퍼는 출입문에 '기생충 촬영 우리 슈퍼'라고 쓴 종이가 붙어 있어 눈길을 끈다.

두 번째 장소는 영화 속 기택(송강호) 동네 계단이다. 기정(박소담)이

복숭아를 들고 박 사장네 집으로 가는 장면이 촬영된 포인트다. 서울시는 돼지쌀슈퍼와 이 계단을 영화 팬들에게 가장 인기 있는 촬영지로 소개하고 있다.

박 사장네 가족을 피해 기택의 가족들이 도망쳐 내려가던 계단도 촬영 명소로 꼽힌다. 수직으로 가파른 이 계단은 자하문 터널 계단으로, 영화 〈기생충〉의 메시지를 상징적으로 드러내는 장소다. 기택네 가족이 피자 박스를 접는 아르바이트를 하던 피자 가게는 대박이 났다. 극 중에서는 '피자시대'로 나오지만 실제 이름은 '스카이피자'다. 동작구 노량진로에 위치한 스카이피자는 2002년에 문을 열어 올해까지 18년째 이어오고 있는 음식점이다. 영화에서 나온 피자 박스 접는 방법 또한 실제 가게 사장님한테서 배웠다고 알려진다. 가게 내부에는 촬영 당시 사용된 피자 종이박스가 그대로 진열돼 있다.

선택의 기로에서는 메멘토 모리 하라

과학자

정재승

"인생은 B와 D사이의 C다."

프랑스 작가이자 사상가 사르트르가 남긴 명언이다. 알파벳 순서에 절묘하게 빗댄 것인데, Birth(탄생)와 Death(죽음) 사이에 수많은 Choice(선택)의 순간들이 몰려 있다는 것, 그래서 모든 선택의 총합이 지금 당신이라는 의미를 담고 있다.

'선택'이라는 단어처럼 무게감을 주는 말도 없을 것이다. 인간이라는 존재는 태어나서 죽을 때까지 끊임없이 선택을 해야만 한다. 살아가면서 스스로 하든, 강요를 받든, 선택의 순간은 피할 수가 없다.

가까스로 선택했다고 해서 모든 것이 끝나는 것도 아니다. 선택에는 응당 결과가 따른다. 그 선택이 잘된 것인지, 아니면 잘못된 것인지. 담배와 술이 건강에 좋지 않다는 걸 알면서도 왜, 그 선택을 하는지. 소중한 목숨을 끊는 극단적인 선택은 또 왜 하는 건지. 그 선택에 대한 평가와 그 원인에 대한 분석은 선택의 순간이 아니라, 늘 한참 지난 뒤에야 복기가 가능하다. 이러니 불안하다. 어떤 선택을 하더라도 그 결과를 현장에서 알 수 없으니, 선택 앞에서 불안할 수밖에 없는 것이다. 이 상태가 심해지면 결국 선택장애, 결정장애로 발전한다.

아마도 우리가 인생 멘토들에게 열광하는 이유 중 하나는 그들의 '선택'이 거침없어서일 것이다. 그들은 어떻게 이 선택장애, 결정장애의 순간을 슬기롭게 넘어가는 걸까.

여기 단 하나의 '도구'로 이 장애를 날려 버린 '단호박' 멘탈갑 뇌과학자 정재승이 있다. 지금, 무언가를 놓고 갈팡질팡 고민인가. 그렇다면 '메멘토 모리'를 기억하시라.

짧고 작은 선택을 즐겨라

우선 원인부터 알고 넘어가자. 선택장애는 왜 오는 것일까. 정재승 교수는 말한다.

"정보의 양이 너무 많아진 시대. 그래서 선택 장애가 오는 겁니다. 선택의 여지가 많으면 많을수록 선택에 대한 확인을 못 하게 됩니다. 그런 상황에서는 이미 해 버린 선택에 대해 늘 미련이 남고, 아쉬움이 남게 마련이지요."

정재승 교수가 요즘 세대를 칭하는 말이 있다. 많은 양의 정보에 노출되어 어떤 선택이든 머뭇거리는 모습에 빗대어 '결정장애 세대'라고 부른다. 독일에서 온 '메이비*Maybe* 세대'나 '햄릿 증후군*Hamlet Syndrome*'과 같은 의미로 보면 된다.

시시각각 선택할 대상들이 쏟아져 나오는 정보의 홍수 시대니, 인간의 뇌는 자동적으로 선택장애에 노출될 수밖에 없다. 선택 피로에 시달리다 보니, 일단 '아마도*maybe*'를 습관처럼 입에 올리고 "A냐 B냐, 이것이 문제로다"를 외친다.

요즘 유튜브에 경험을 대신해 주는 아바타 콘텐츠들이 넘친다. 예컨대 대신 음식을 먹어 주는 먹방 BJ 혹은 대리경험 BJ가 인기 있는 것도 이런 결정장애 탓이다. 선택의 여지가 많으면 많을수록 선택에 확신을 하지 못하고, 미련과 아쉬움이 남고, 결국 선택하지 못하는 '결정장애' 단계에 접어들게 된다.

정 교수는 정보의 양도 양이지만, 가정이나 사회적 환경이 선택장애를 만든다고 말한다. 일단 개인들은 선택의 경험이 적을 수밖에 없는 가정환경에 노출된다. 뭔가 결정의 순간이 되면 부모가 등장해 선택을 결정해 버린다. 나의 선택이 아닌, 타인의 선택에 자동적으로 의지하는 시스템이 만들어지는 셈이다. 내가 피아노를 좋아했을까, 하는 의문을 품기도 전에 피아노 학원에 보내지고, 영어가 죽도록 싫은데도 부모의 강요로 영어학원에 다닌다. 대학은 과연 필요가 있는 과정일까, 하는 의문을 품기도 전에 입시제도에 휩쓸려 대학에 들어간다. 타인(사주)을 위해 일하는 직장 시스템에 대한 고민을 해 보기도 전에 취직 강박증에 걸린다. 부모가 선택한 대로 살아가니, 선택의 경험이 극히 적어지는 것이다. 이러다 어느 순간 현실을 자각한다. 내가 진짜로 원하는 게 뭘까. 나는 나의 욕망을 위해 살아가는 건가, 부모나 주변의 욕망을 위해 살아가는 건가.

패자부활전이 없는 사회 시스템에 대해서도 정 교수는 지적한다.

"패자부활전이 없는 한국 사회의 시스템이 선택장애를 만들기도 합니다. 대학 잘 다니다 휴학 잠깐 하고 돌아왔더니 나이 제한에 걸립니다. 창업 후에 실패를 하면 대기업에 지원을 해도 떨어지는 경우가 많죠. 결국 매사에 머뭇머뭇하게 되는 장애가 오게 됩니다."

이러니 음식을 앞에 두고도 결정을 못 한다. 짬뽕을 먹고 싶어 중국집 문을 열고 들어와서는, 수많은 고민 끝에 결국 볶음밥을 먹고 있다. 꼬리에 꼬리를 무는 선택의 뫼비우스. 과연, 해결책은 없는가.

선택 성취감을 반복 훈련하라

"선택 성취감을 반복 훈련하라."

정재승이 내놓은 해결책은 간단하면서 요긴하다. 선택의 순간, 짧은 찰나에 누리는 그 '선택 성취감'을 반복 훈련해 보라는 주문이다.

우리는 선택의 경험이 너무 적은 환경에 노출돼 있다. 정재승은 이어 말한다.

"결핍이 욕망을 낳습니다. 뭔가 간절히 바라야 하는데, 이 연습을 해 본 적이 없는 거지요. 뭔가 결핍의 순간을 느껴서 '아, 그걸 바라야지' 하는 순간, 부모님들이 나타나 그 결핍을 채워 줍니다. 결핍의 단계를 뛰어넘으니 욕망의 단계도 지나 버리고, 바라는 게 없어지니 선택의 경험이 극히 적어질 수밖에 없는 거지요."

이때가 가장 위험한 순간이다. 대학 3학년쯤 되면 그래서 불안해진다. 직장을 구하든, 창업을 하든, 자기 의지로 어떤 일을 해 본 적이 없으니 불안한 거다. 선택장애가 불안장애로 훌쩍 넘어가는 단계다.

이럴 때 요긴한 훈련법이 선택 성취감 반복 트레이닝이다.

오늘은 이런 것, 내일은 저런 것을 스스로 탐색해 보고 그 선택에서 오는 만족감을 느껴 보는 훈련이다. 거창할 것도 없다. 작은 것부터 하면 된다. 예컨대 마트를 간다. 우유가 있다. 바나나 우유를 고르려고 보니 노란색 바나나 우유 옆에 흰색 바나나 우유가 놓여 있다. 오늘은 평소 마시던 노란색 바나나 우유 대신 흰색 바나나 우유를 골라 본다. 선택의 결과? 약간 맛이 맹맹한 듯하다. 그렇다면? 이번 선택은 아쉽지만 실패. 그저 가볍게 실패감을 느낀 뒤, 다음에 다시 다른 것을 탐색하면 된다. 다음 날은 식당에 간다. 늘 먹던 짬뽕 대신 요즘 핫하다는 마라탕에 도전해 본다. 어라? 맛이 꽤나 괜찮다. 그렇다면? 맞다. 이번 선택은 성공이다. 선택 성취감 90퍼센트 달성. 이렇게 선택 성취감들을 느끼다 보면, 결정적인 선택의 순간이 와도 불안감이 사라진다. 그 선택이 실패라면? 뭐, 다음번에 더 잘하면 되지 하고 넘어가는 내공이 다져지는 것이다.

사실 이 기법은 심리학에서 유용하게 쓰인다. 심리학자들은 이 과정을 '성취감 반복 훈련'이라고 말한다. 목표를 설정할 때 처음부터 거창하게, 너무 큰 것을 잡아놓으면 안 된다. 목표를 잘게 쪼개서 작은 목표 하나하나를 성취하면서 그 목표 달성 성취감을 반복 훈련해 나간다. 이런 성취감들이 쌓이고 쌓이면 큰 목표를 이룰 수 있는 성취감 내공이 다져진다.

극강의 기법 메멘토 모리

선택 성취감 반복 훈련을 한 뒤에는 무엇을 해야 할까.

지금부터는 실전이다. 살벌한 현실에서 정말 머리 아픈 선택의 순간을 맞이한다. 사소하지만 건강을 위해 누구나 한 번쯤 고민하는 금연 같은 일이다. 담배를 끊을까, 말까. 이게 말처럼 쉽지가 않다.

이럴 때는 좀 더 확실하면서 강렬한 기법이 필요하다. 정재승 교수는 이럴 때 딱 다섯 글자를 기억하라고 주문한다. '메멘토 모리'다. 메멘토*memento*가 기억이라는 뜻이고, 모리*mori*는 죽음이라는 뜻의 라틴어다. 자신의 '죽음을 기억하라' 또는 '너는 반드시 죽는다는 것을 기억하라'라고 해석한다. 혹은 '네가 죽을 것을 기억하라'라는 의미다.

그렇다면 메멘토 모리를 어떻게 써먹으면 좋을까.

정재승 교수의 실천법은 이렇다. 어떤 선택지가 있다고 치면, 3개월 뒤에 자신이 죽는 것(메멘토 모리)을 가정한다. 그리고 그다음 선택지를 바라본다. 그리고 선택을 한다. 그러면 금연 고민도 간단하게 해결할 수 있다. 당신이 3개월 뒤에 죽는다고 가정하면 어떤가. 3개월 뒤면 죽는 마당에 담배 좀 더 핀다고 나빠질 게 있는가, 하는 결론이라면 계속 피우면 된다. 반대로 그래도 희망을 갖고 하루라도 더 건강하게 살길 바란다면 끊으면 된다.

어떤 선택을 하게 되더라도 헷갈리는 그 상황에서 가장 탁월하면서 효율적인 선택을 할 수 있게 된다는 거다. 이것이 '메멘토 모리'의 강렬한 힘이다.

'카운트다운' 시계를 가지고 있는가

　세계적인 리더들은 '메멘토 모리'의 개념을 인생의 다양한 순간에 쓰이는 유용한 도구로 활용한다. 『하버드 새벽 4시반』을 쓴 웨이 슈잉은 메멘토 모리를 무기력함을 떨치는 동기부여의 수단으로 활용한다. 실행의 순간, 게으름이 찾아오고 갑자기 무기력이 찾아온다. 이럴 때 당장 '내일 죽는다'라고 강렬한 상상을 한다. 그러면 그 무기력함이 순식간에 없어지고 곧바로 실행할 수 있는 파워를 얻게된다.

　메멘토 모리를 인생 전체의 '동기부여 도구'로 활용하는 멘토도 많다. 『아프니까 청춘이다』의 김난도 교수는 인생 전반을 24시간짜리 인생시계에 빗댄다. 인간이 태어나서 죽을 때까지를 24시간으로 보면, 인간의 평균 수명을 80세로 가정했을 때 24시간은 1,440분이된다. 인생에서 1년은 24시간 인생시계로 18분이 되는 셈이다.

　그러면 하루하루가 째깍째깍 흘러가는 소중한 초시계처럼 느껴진다. 인생 진로를 진지하게 고민하는 24세는 새벽 7시 12분, 평생 진로를 진지하게 사색하게 되는 서른 즈음은 오전 8시 42분이다. 인생 2막에 대해 한 번쯤 생각해 보는 마흔이 되면, 정오 그러니까 12시를 넘어선다. 아, 이제 내리막이구나 싶어서 후반전을 조금 더 신중하게 살게 된다. 자정이 되는 0시가 가까워 올수록, 메멘토 모리의 힘을 느끼고 진중한 삶을 추구할 수 있다.

아예 카운트다운 시계를 지니라고 조언하는 멘토들도 있다. 팀 페리스가 쓴 『타이탄의 도구들』에는 와이어드의 선임 매버릭 케빈 켈리의 예가 나온다.

케빈은 예측 사망 나이를 역으로 계산해 앞으로 살날이 얼마 남았는지를 늘 확인하는 카운트다운 시계를 지니고 있다. 2016년 그의 살 날이 6천일 정도 남았는데, 2020년이 된 지금은 1천일 정도가 줄었으니, 5천일 정도가 남았다. 카운트다운 시계만큼 인생에 집중할 수 있게 해 주는 것도 없다고 케빈은 조언한다.

그대, 또 무언가를 놓고 고민 중인가. 실행을 앞두고 또 망설이시는가, 멍 때리느라 그저 인생을 낭비하고 있는가. 그렇다면 더 두고 볼 것 없다. '메멘토 모리'라는 마법의 주문을 외워 보시라.

메멘토 모리의 의미를 찾은 인도

정재승 교수가 메멘토 모리 통찰의 실마리를 찾은 여행지가 인도다. 그가 인도를 찾은 건 2019년 2월 무렵이다. 무엇엔가 홀린 듯 인도를 찾은 이유는 쿰브멜라를 직접 보기 위해서였다. 여행 고수면 누구나 한 번쯤 들어봤음직한 쿰브멜라는 힌두교인들이 성스러운 강가를 찾아가 목욕하면서 죄를 씻고 치유를 얻는 축제다. 소똥까지 둥둥 떠다니는 갠지스강. 황톳빛 물색도 불결함을 일으키기 충분한데, 도대체 무엇을 얻으러 전 세계 여행족들은 이 축제를 찾는 걸까. 규모를 보면 경악 그 자체다. 우타르프라데시주의 알라하바드에서 한 달간 열리는 이 축제에 참석하는 인원수는 최대 1억 2천만 명. 정 교수는 이에 대해 과학자 관점에서 이야기한다.

"강물은 더럽고 주변에 오물이 발 디딜 틈 없이 산재해 있어 오히려 아픈 자들에게 해롭다. 그러나 이 물에 몸을 씻고 조금씩 마시기도 하는 광경은 '도대체 무엇이 이들을 이 자리까지 오게 만들었는가'라는 질문을 품게 한다."

그가 이 의문에 해답을 찾은 곳은 알라하바드에서 130킬로미터 정도 떨어진 바라나시. 바라나시는 '성스러운 죽음'으로 익숙한 곳이다. 인도 현지인들이 생을 마감하길 고대하는 곳도 여기다. 정재승 교수는 바라나시의 한 골목길에서 메멘토 모리의 통찰에 대한 실마리를 찾는다. 한 골목길, 그 좁은 길을 따라 이어지는 끊임없는 시체 행렬. 무덤덤하게 청년 예닐곱 명이 시체를 곱게 싸서 대나무 들것에 올린 후 이를 짊어진 뒤 죽은 자의 이름을 부르면서 화장터로 옮긴다.

죽음과 현실의 자연스러운 만남. 다음 단계가 더 놀랍다. 이들 청년은 갠지스강에 시체를 담그고 정성스럽게 씻은 뒤 장작 위에 얹어 시체에 불을 붙인다. 이 장작불도 예사롭지 않다. 3천 5백 년 동안 한 번도 꺼진 적이 없다는 장작. 여기서 불을 옮겨와 두 시간가량 정성들여 시체를 태운다. 다음은 우리네 화장터 같은 분위기가 이어진다. 대부분 뼈들은 고스란히 하얀 재로 변하고 일부 덩어리가 큰 뼈들만 남는다. 여성의 골반뼈나 남성의 가슴뼈처럼 큼지막한 뼈들은 타지 않아 가족에게 인도된다. 가족들은 갠지스강에 재를 뿌리고 남은 뼈는 간직한다.

뼈를 간직한다는 건 윤회의 의미다. 윤회를 믿는 힌두교에서는 죽음을 생의 단절로 보지 않는다. 다음 생으로 이어지는 작별이자 출발점이다. 그러니 남은 가족들에게 죽음은 덤덤하다.

죽음은 곧 다시 태어난다는 뜻이니, 죽은 이를 떠나보내는 행위가 마치 장기 출장을 보내는 분위기다.

"불편하기보다는 차라리 성스러운 분위기였다"라는 그는 "마치 동전의 앞뒷면처럼 죽음은 곧 삶이니, 죽음을 앞두고 삶을 생각하는 메멘토 모리의 행위는 엄숙하면서도 성스러운 느낌이 든다"라고 회상한다.

천재를 먼저 보내라

만화가

이현세

여기 독특한 인생 멘토가 있다. 누구나 유일한 천재나 일등 멘토 같은 타이탄을 닮고 싶어 서점가의 자기계발서에 올인하는 마당인데, 그는 오히려 이렇게 외친다. "천재(같은 인생 멘토)를 만나는 일은 끔찍한 일이다. 그냥 당신을 믿고, 밀고 나가라"라고. 천재들의 힐링 메시지, 타이탄들의 성공 담론? 그런 얘기라면 당장 귀를 막고 피하는 게 상책이라고 말이다.

그는 말한다. 천재와 정면 승부하는 것에 인생을 걸고 시간을 낭비할 게 아니라, 보통 사람을 위한 독한 생존법을 찾는 데 골몰하라고. 이 당돌하고 발칙한 인생 멘토, 바로 말이 필요 없는 대한민국 '국민 만화가' 이현세 화백이다.

생존법 1 | 천재와 정면 승부를 피하라

이현세 화백은 요즘 세종대학교 애니메이션학과에서 아이들을 가르친다. 해마다 신입생에게 들려주는 그의 첫 번째 강의 아이템은 정해져 있다. '천재와 싸워 이기는 법'이다. 한 시간 남짓 이어지는 이 강의의 핵심은 간명하다. '천재를 만나면 피하는 게 상책'이라는 것.

만화라는 단어에 익숙한 대한민국의 모든 국민이 천재라고 여기는 사람이 정작 천재를 만나면 피하는 게 상책이라고 설파한다니. 게다가 천재를 넘어서라는 가슴 뛰는 조언이 아니라, 천재에 맞서지 말고 그냥 피하라니.

그는 자신의 삶을 빗대 설명한다. 초등학교 4학년 때다. 학교에 들어가자마자 자신의 능력이 대단하다는 걸 바로 알 수 있었고, 남들이 석고 데생 하나 완성할 때 스무 장을 그렸다. 게다가 그림도 훨씬 정교했으니 조형을 파악하는 눈만큼은 천재라고 스스로 만족했다. 그러던 그의 뒤통수를 쾅 치는 사건이 일어난다. 기술적인 스케치 능력을 넘어서는, 창의력 세계를 맞닥뜨리게 된 것. 초등학교 4학년 때 같은 반에서 차원이 다른 천재 친구를 만난 것이다.

"이 친구는 나하곤 차원이 달랐지. 그저 본 것을 정교하게 그려 내는 나와 달리, 그 천재는 이미 '자기 것'을 그리고 있더라고. 게다가 또 넘사벽 색감. 스케치 영역을 넘어선 색감의 세계에선 도저히 넘을 수 없는 투명한 벽 같은 게 느껴졌거든(물론 그는 자신이 색약이라는 사실을 고등학교 3학년에 가서야 뒤늦게 알게 된다)."

어린 나이에 천재와 자신을 비교해야 했던 경험 자체가 손바닥을 커트 칼로 가로지르는 것 같은 굉장히 괴로운 느낌이었다고 그는 회고한다. 다행스럽게도 중학교는 각각 다른 곳으로 진학해서 그제야 비로소 숨을 쉬는 기분이었다는 그. 이후 마음 놓고 창작의 나래를 펴던 그는 만화계에 들어와 보니 또 다른 천재들과 맞닥뜨린다. DNA 속에 있는 감성이나 감각, 특히 광기 같은 것들을 지닌 사람들이 다시 거대한 벽처럼 그를 막아선 것이다. 결국 이현세가 내린 결론은 정면 승부를 피할 것. 천재와의 맞대결은 피를 말리는 일이다.

생존법 2 | 인생은 장기전, 천재를 먼저 보내라

어차피 이길 수 없다면 천재를 먼저 보내라. 두 번째 서바이벌 룰이다. 인생 레이스는 장기전이니깐.

살벌한 창작의 세계에서 그는 마침내 알아챘다. 천재라는 존재가 완벽성을 지닌, 무결점 개체가 아니라는 것을. 천재도 인간이다. 그러니 약점, 이를 테면 아킬레스건을 가질 수밖에 없다. 그중 하나가 '존재의 역습'이다. 천재라는 존재 자체에 대한 자각이 천재를 역습한다는 것이다. 천재는 자기가 천재였다는 것을 절대로 잊을 수 없다는 데서 비극이 시작된다는 것이 그의 지론이다. 실제로 자신의 친구가 그런 삶을 살았다고 말한다. 천재는 일반인처럼 한 걸음 한 걸음 걸으려고 하지 않는다. 뛰어넘으려고 한다. 쉽게 뛰어넘을 수 있는 재능이 있으니까.

보통 사람들이 주목해야 할 지점이 바로 여기다. 천재의 비극이 시작되는 이 지점. 천재를 만난 평범한 사람들이 해야 할 일은 정면 승부를 피하고 묵묵히 지켜보는 일이다. 그러면서 천재가 두 칸 뛰기, 세 칸 뛰기로 날아갈 때 원 스텝, 한 걸음씩 여유 있게 쫓아가며 각 단계마다 '지혜'라는 것을 쌓아놓고 기다리면 된다. 천재가 스스로 자만심에 빠져 마지막 점프를 하려는 순간, 그때가 그 천재를 뛰어넘을 역발상의 호기가 된다.

천재를 막아서는 또 하나의 거대한 벽은 '신의 벽'이다. 천재들은 항상 보통 사람들보다 먼저 가기 마련이다. 먼저 가서 뒤돌아보면 세상살이가 시시하다. 그리고 어느 날 그의 앞에 신의 벽이 등장한다. 인간이 인간의 능력으로 절대 뛰어넘을 수 없는 신의 벽을 만나면, 천재는 좌절하고 방황하며 스스로를 파괴한다. 이현세는 말한다.

"보통 사람이 천재를 만나 좌절하는 것처럼, 천재 역시 신의 벽 앞에 할 일을 멈추고 종내 정지해 버리지요."

그러니 천재를 넘어서는 방법은 의외로 간단한 데 있다고 설명한다. 그저 먼저 보내 버리면 된다는 것. 그다음 10년이든 20년이든 '나는 할 수 있다'라는 생각으로 하루하루에 집중하다 보면 어느 날 신의 벽 앞에 멈춰 버린 그 천재를 만난다는 거다. 그리고 그 천재를 추월해서 지나가는 자신을 보게 된다고 그는 단언한다. 어차피 인생의 레이스는 단기전이 아니라 장기전이니까.

생존법 3 | 두뇌는 엉덩이를 이길 수 없다

'천재의 두뇌는 엉덩이를 이길 수 없다.'

별것 아닌 것 같은 이 명제가 지니는 힘은 무궁무진하다. 그는 단언한다. 아무리 천재적인 두뇌를 가졌더라도, 엉덩이를 의자에 붙인 채 묵묵히 노력하며 쫓아오는 보통 사람의 노력을 이길 수는 없다고. 만화를 잘 그리는 비결을 묻는 수많은 사람에게 그는 잘라 말한다.

"매일매일 스케치북을 들고 10장의 크로키를 하라. 1년이면 3천

500장을 그리게 되고 10년이면 3만 5천 장의 포즈를 잡게 된다."

이 문장을 말할 때 그는 항상 만화가 이두호 선생의 조언 "만화는 엉덩이로 그린다"라는 문장을 인용한다.

"천재가 가장 두려워하는 것이 노력이지. 두뇌는 엉덩이를 이길 수 없거든."

매일의 각오와 노력, 이 두 가지가 '전설'을 만든다고 한다. 이 노력의 과정에 핵심이 있다. 바로 자신을 사랑하라는 것. 다시 말해 자기애다.

"천재와 자신을 비교하면 결국 단점만 보이거든. 자신을 미워하고 망가뜨리게 되지. 나를 사랑하면 '아, 그래도 잘하는 게 있지' 하고 스스로를 다독이게 돼. 이 경지(?)에 이르면 단점도 개성이 되는 거야. (나처럼) 색약이라도 색깔 자체를 못 보는 것이 아니라 다르게 보는 것이라면 자신의 개성으로 진화시킬 수 있는 가능성이 분명히 있는 것이거든."

이현세가 외출을 앞두고 거울 속 자신에게 꼭 해 주는 말이 있다.

"당신, 멋없게 살기에는 (자신이) 너무 아깝지 않은가."

가끔은 사막을 가라

이현세는 묵히는 여행을 좋아한다. 짧고 굵게 치고 빠지는 여행이 아니라, 삭혀야 제맛이 나는 장처럼 현지에 눌러앉아 한 달 이상 생활하는 한달살이 여행 말이다. 그가 가끔 세상이 버거울 때 가는 여행지는 사막이다. 베이징 아시안 게임 때 백두산도 올랐고, 전 세계 오지와 험지를 두루 다닌 그다. 하지만 인생 여행지는 놀랍게도 사막이다.

"사하라를 갔을 때도, 미국 텍사스 한복판의 사막을 걸을 때도 그 느낌이 있지. 아래로는 모래만, 위로는 정말 딱 하늘만 있거든. 완벽한 무無의 상태, 텅 빈 캔버스에다 상상의 나래를 그려 넣는 느낌 같은 것."

리비아사막을 건널 때 그의 머릿속 캔버스엔 『아라비안나이트』 공주

와 〈알라딘〉 지니가 펑 하고 나타나며 SF 판타지의 창의성을 선물했고, 트리폴리에서 동아건설의 대수로 공사 현장을 지날 때는 탱크의 잔해가 롬멜 전투의 이미지와 함께 문명의 발생에 대한 단초가 떠올랐다고 한다.

"사막 여행은 양면성을 경험하는 소중한 과정이거든. 완벽한 무에서의 상상력. 삭막하고 황량한 어둠이 닥치고 해는 다시 뜨고. 판타지와 공포, 현실과 환상의 경계, 그 언저리를 보는 일이지. 그곳을 보다 보면 결국 돌아보는 게 자기(자기애)야. 멋없이 살기에는 너무 아까운 자기."

현실도 그렇다. '안 되는 것'이라고 생각하면 장애고, '다른 것'이라고 생각하면 개성이 될 수 있다. 천재를 특별한 존재로 여기면 '넘사벽'이지만, 정면승부를 피하면 또 극복 가능한 경쟁자 중 한 명일 뿐인 것이다.

그가 강조하는 인생의 법칙 중 '재능 총량론'이라는 게 있다. 천재나 보통 사람이나 재능의 총량은 비슷하다는 말이다. 이렇게 생각하고 나면 마음이 한결 편해진다. 누구에게나 일생을 통해 쓸 재능의 총량은 정해져 있다는 것이다. 그 재능을 오랜 시간에 걸쳐 느리게 내보이는 롱런하는 보통 전문가가 있는가 하면 같은 양의 재능을 단기간에 다 써 버린 채 잠잠해지는 천재도 있다는 설명이다.

이렇게 생각하고 나면 천재를 부러워할 필요가 없다. 오히려 천재를 만나면 '아, 평생 쓸 재능을 저리 먼저 다 써 버리는구나' 하고 안쓰럽게 바라보면 된다.

당신, 외출을 앞두고 있는가? 거울 앞에서 옷매무새를 매만지고 있는가. 그렇다면 거울 속 당신에게 당당하게 외쳐 보시라.

"멋없게 살기에는 당신, 너무 아깝지 않은가?"

타협

짜여 있는 판을 엎으면 보인다

바둑기사

이세돌

19개의 선과 선. 그 선이 만나는 361개(19×19)의 점. 그 점 하나하나가 살벌한 벼랑 끝이다. 한 수 삐끗하면 그야말로 천 길 낭떠러지. 밀치지 않으면 밀려난다. 쑤욱 정직하게 상대를 찔러서도 안 된다. 온갖 사술과 암수를 펼쳐야 그나마 승산이 있다. 바둑판 반상의 귀수 이세돌 이야기다.

첨단 인공지능^{AI} 프로그램 알파고에게 유일한 1패를 안겨 준 이세돌만큼 '스트레스'에 대해 잘 아는 인생 멘토가 있을까! 마흔도 안 된 나이에 돌연 은퇴를 선언해 또 한 번 화제를 모은 그의 프로 통산 전적은 1,904판에 1,324승 3무 577패(승률 69.7퍼센트). 랭킹

제 시행 전과 평생 두었던 판수를 어림잡으면 1만 판의 지루한 대국을 펼쳤을 테니 매 순간, 일분일초가 그에게는 피 말리는 순간이었을 게다.

이세돌은 스트레스 극복법에 대해 "극도의 긴장감과 스트레스가 몰아칠 땐, 그 대상을 가만히 바라보고 타협하라"라고 조언한다. 고도의 집중이 요구되는 순간, 머릿속에 잡생각이 피어오를 때도 마찬가지다. 그의 극복법은 간결하다. 그 잡생각을 오히려 반가워하며 잠깐 응답해 준 뒤, 다음 단계로 넘어가라고 말한다.

잡생각에 응답하라

바둑은 상대와 맞서는 싸움이다. 페어바둑이 아니라면 무조건 1 대 1 진검승부를 펼쳐야 한다. 이세돌은 대국을 펼치는 상대보다 더 거대한 적은 자기 자신이라고 단언한다. 매초 피를 말리는 진검승부의 순간에 그는 난감할 때가 있다고 고백한다. 고도의 집중력으로 한 수 한 수를 고민해야 하는데, 불쑥 잡생각이 고개를 드는 거다.

"이번 대국 끝나고 저녁으로 뭘 먹을까, 딸아이 선물은 어떤 걸 사 줄까, 하는 평소의 평범한 고민들이 절체절명의 순간에 불쑥 찾아듭니다."

황당한 이야기처럼 들리겠지만 세계 대회 결승 대국 같은 초긴장

상태에서도 뜬금없이 이런 생각이 들 때가 있다고 한다.

아예 잡념이 들지 않게 생각의 싹을 싹둑 자르는 건 인공지능이나 가능하다. 인간은 어쩔 수 없다. 무의식 속에서 불쑥 솟아나오는 잡념을 근원적으로 차단하는 건 사실 불가능에 가깝다.

이럴 때 억지로 잡념을 뿌리치려고 하면 정반대 부작용이 일어날 수 있다. 잡념이 꼬리에 꼬리를 물고 줄줄이 등장하는 경우다. 이세돌의 조언은 이렇다. 억지로 뿌리치려 하기보다는 찰나의 순간, 그 잡념에 응답해 주라는 것이다. '오늘 이기면 삼겹살에 소주나 한잔 하지 뭐', '대국 끝나고 딸애한테 전화해 물어보지 뭐' 하고 대수롭지 않게 넘겨 버리는 거다.

반대로 '대국에 집중 안 하고 뭐 하는 거야? 정신이 나간 거야?' 하며 자책에 빠진다면 그 생각에 발목을 잡혀 잡생각이 꼬리를 물게 되고 결국 중요한 승부에서 페이스를 잃게 된다.

몰입하지 말고, 분리하라

인생 멘토들도 인간이다. 그들이라고 자신의 머리를 짓누르는 스트레스에서 자유로울 순 없다. 이세돌도 마찬가지다. 수만 번의 대국 경험이 있는 그도 5번기 타이틀전에서 2승 2패로 호각을 이루는 상황에 마지막 5국을 앞두고 있다면 '머리를 꽉 조이는' 것 같은 압박감을 받는다고 한다. 그는 대국장에 들어서면 반상과 마주하고 이런 생각을 한다.

'삶은 길다. 아직 둬야 할 대국이 얼마나 많은데, 이 한 판 진다고 세상이 무너지나? 내 인생이 끝장나나? 이건 그저 바둑 한판일 뿐이다.'

군이 의미를 부여하자면 총 5판의 대결 중 승부를 결정지은 한판일 뿐이지 넓디넓은 인생의 과정에서 보면 지극히 작은, 수많은 바둑돌 중의 하나일 뿐인 '점'과 같은 한판인 것이다.

사실 이런 자세는 심리학에서 '몰입'과 대비되는 '분리'라는 상당히 높은 단계의 마인드 컨트롤법이다. 하루하루가 전쟁과 같은 세계에서도 멘탈 트레이닝에 가장 요긴하게 쓰이는 도구가 분리법이다. 쉽게 말해 바둑을 두는 자신에 몰입해서 그 게임에만 집중하는 게 아니라, 아예 그렇게 바둑을 두는 자신에게서 또 하나의 자아를 분리해 그 과정을 내려다보고 관조하는 방식을 말한다. 인지심리학에서 말하는 그냥 '인지 단계'가 아닌, '상위*beyond* 인지' 혹은 '메타 인지' 단계다.

오롯이 한 게임에만 몰입해 버리면 오히려 그 판에서 패배했을 때 받는 충격이 이루 말할 수 없이 커진다. 하지만 자신을 잠깐 분리해서 인생 전체를 전지적 작가 시점으로 내려다보면 일생에 둘

수많은 시합 중 극히 작은 한판일 뿐인 것이다.

그는 말한다. "오늘 바둑 경기에서 지고 이 타이틀을 놓친다고 해서 내가 앉아 있는 마룻바닥이 꺼지는 것도 아니다. 오늘의 타이틀은 내년에 다시 차지할 수 있다. 이 타이틀이 아니면 어떤가. 다른 쟁쟁한 타이틀도 얼마든지 있다"라고. 이렇게 생각하면 한결 마음이 편해진다.

현실을 받아들여라

패색이 짙을 때라면 어떤가. 혼신의 힘을 기울여 둔 바둑이 팽팽한 힘의 균형을 깨고 한쪽으로 기운다. 기우는 쪽이 나라면. 아, 스트레스가 극에 달한다. 이세돌은 어느 시점이 되면 '이 바둑은 안 되겠구나' 하는 패배 예감이 온다고 한다. 그때부터 후회와 자괴감이 밀려든다. '그 수는 거기에 뒀어야 했다. 왜 아까는 그걸 못 봤을까?'

패색이 짙어진 순간, 물리적으로 승패를 뒤바꿀 수 없는 순간의 스트레스. 그는 이런 순간의 스트레스라면, 그저 현실을 받아들이라고 조언한다.

단순한 논리다. 어차피 진 게임, 후회한들 승패가 뒤집히진 않는다. 자신이 자책하고 후회한다고 상대가 한 수 물러주는 것도 아니다. 그렇다면 방법은? 없다. 그저 현실을 받아들이면 마음은 편해진다. '오늘은 안 되는 날이구나, 다음번에 잘 두면 되지' 하며 쿨하게 웃어 주는 것이다.

현실을 받아들여야 지금을 즐길 수 있다. 인생의 승부도 그렇지만 바둑도 마찬가지다. 아마추어 단계에선 다음 판을 이길 수 있는 바둑을 둔다고 한다. 바둑 도장이나 연구생 모임에서 수많은 승부를 펼치지만 승패보다는 과정에 중점을 둔 '다음을 위한 바둑'이다. 하지만 프로에 입문하면 상황은 180도 달라진다. 지금 두고 있는 이 판을 이겨야 하는 현실적인 압박에 직면한다. 오직 한 판 한 판, 지금 이 순간 승리가 절실하지 다음 대국은 생각조차 할 수 없다.

그러니 대국마다 순간순간, 그 선택의 결정을 받아들여야 한다고 이세돌은 강조한다. 그가 수많은 대국을 거치면서 가장 많이 받은 질문이 '어떻게 스트레스를 푸느냐?'라는 것이었다고 한다. 이에 대한 그의 대답은 한결같다.

"대국장에서 나올 때 스트레스 쌓일 일은 다 반상 위에 두고 나옵니다. 현실을 쿨하게 인정하는 것이죠."

경기 전 긴장감을 설렘으로 바꿔라

중요한 프레젠테이션이나 시험을 앞두고 있다. 쿵쾅쿵쾅 심장이 뛴다. 사람이라면 어쩔 수 없다. 수만 번의 승부를 겨뤄 본 이세돌

역시 경기 전에 불안감 없이 임해 본 적이 없다고 고백한다. 하지만 그가 이 긴장감을 받아들이는 방식은 조금 다르다.

그는 떨림, 불안한 긴장감을 '설렘'으로 바꾼다. 어떤가. 불안감, 긴장감이란 단어 대신 '설렘'이라는 단어를 쓰는 것만으로도 훨씬 긍정적인 느낌이 들지 않는가. 그는 대국 전날이나 대국장에 들어가기 전, 그리고 바둑판 앞에 앉은 뒤에도 한동안은 마음이 설렌다고 말한다. 물론 부담감은 있다. 하지만 전체적인 기분은 부담이라는 부정적인 느낌과는 달리 묘한 상태라는 것이다.

이세돌은 불안한 긴장감이 설렘으로 둔갑한 상태를 이렇게 표현한다. "부담감과 기대감이 뒤섞이면서 오늘 뭔가 재미있는 일이 있을 것만 같은 기분입니다."

물론 지면 안 된다는 압박감도 엄청나다. 그래서 대국 전날 이미지 트레이닝을 한다. 잠들기 전에 '무조건 이긴다'라고 자기최면을 거는 과정이다. 이 의식을 치르고 잠이 들면 묘하게 다음 날 정말 이길 것 같은 자신감으로 꽉 찬다고 한다.

불안감을 설렘으로 바꾸기 위해선 약간의 연기도 필요하다. 포커페이스 연출이다. 중요한 대국일 때 오히려 그냥 회사에 출근하는 평범한 회사원 같은 풍경을 만든다. 속으로야 긴장은 되지만 겉으로 별 내색을 하지 않으면 '설렘'의 비중이 더 올라간다고 한다.

내 안에 틀이란 존재하지 않는다

"탁."

세기의 대결로 불린 2016년 이세돌과 알파고의 구글 딥마인드 챌린지 매치 제4국. 바둑돌 소리가 정적을 깼다. 쿵. 무너졌다. 마침내 이세돌의 칼끝이 1밀리미터 오차도 없이 1천 200개가 넘는 알파고의 심장^{CPU}을 통째로 관통했다. 쓰러지는 알파고. 알파고 머릿속의 마지막 CPU가 빠르게 돌아갔다. '78수. 1만분의 1의 확률을 가진 수. 1천 200개가 넘는 CPU로 하루 3만 번의 대국을 뒀다. 그런데 도대체 이 인간(이세돌)의 수는 무엇인가.'

판도 엎어졌다. 첨단 인공지능 알파고와 인간 두뇌 간 대결로 전 세계 관심을 모았던 대국이었다. 이세돌은 3국을 내리 졌다. 5전 3선승제 대국의 패자가 되었다. 참패였다. 하지만 이세돌은 말한다. "이세돌이 패한 것이지, 인간이 패배한 것은 아니다." 그리고 이어진 4국. 제78수. 알파고에 표정이 있었다면 완전히 일그러졌을 회심의 일격. 중앙 전투에서 이 한 수에 알파고는 무너졌다. 이세돌에 앞서 알파고에 5대 0으로 졌던 유럽 프로기사 판후이 2단은 "4국에 나선 이세돌이 오히려 편해 보였다. 만약 다른 선수였다면 알파고와 싸우려고만 했을 것이다. 그러나 이세돌은 기다렸다. '때'를 기다렸다. 그리고 한 방을 날렸다. 오롯이 이세돌의 한 수. 그러고는 끝났다"라고 말했다.

때를 기다린 느긋함과 빅데이터의 틈을 파고든 유연한 포석은 어디서 나왔을까. 이에 대해 많은 이들이 '섬'을 언급한다.

이세돌은 신안 비금도 섬 출신이다. 섬이란 곳이 그렇다. 사방이 트였다. 바라보고만 있어도 절로 사고가 깬다. 비금도는 들판이 넓고 기름지다. 안쪽 뭍으로 접어들면 바다도 보이지 않을 정도다. 경기 초반 탄탄한 기초를 다지는, 깊이를 알 수 없는 포석은 비금도의 지형을 쏙 빼닮아 있다. 비금도처럼 트여 있되, 속을 들여다보면 보이지 않는 깊이를 지닌다. 잔잔히 세를 불리는 듯하다가 몰아칠 땐 태풍처럼 한순간에 휘감아 옥쥔다.

그의 바둑은 포석처럼 비금도를 닮아 있다. 섬이라는 게 그렇다. 형식이 없다. 그저 바다 한가운데 불쑥 나와, 제멋대로 살다가 간다. 섬의 본질은 싸움이다. 외롭게 바다 한가운데에서 늘 곁을 치고 들어오는 바다와 평생을 싸운다. 그의 바둑도 그렇다. 격식을 싫어한다. 틀을 고집하지 않는다. 자유분방하다. 상상력과 창의성이 번득인다. 게다가 이세돌 바둑의 본질은 싸움 바둑이다. 오죽하면 '닥공(닥치고 공격)'이라고 할까. 그래서일까, 팽팽하게 잘 짜인 판에서 그는 스스로 무너진다. 오히려 위태위태한 판, 지고 있는 판에 강하다. 끊임없이 휘둘리다가도 순간 기회를 잡으면 무차별 공격을 퍼붓는다. 틀을 정의할 수 없는 닥공 스타일. 이런 게 '섬 스타일' 바둑이다.

인생도 바둑도 그렇다. 정답이 어디 있을까. 해답만 있을 뿐이다. 그 해답을 찾는 길, 그게 독특해야 하고 남과 달라야 한다. 남과 같아서는, 그저 남과 같은 삶을 살게 될 뿐이다. 1천 200개가 넘는

CPU로 하루 3만 번의 대국을 둔 알파고가 결코 인간을 뛰어넘을 수 없는 것도, 이런 창의성과 독특함이 없어서일 것이다.

이세돌은 그의 저서 『판을 엎어라』에서 반상에서의 나이듦에 대해 이렇게 말한 적이 있다.

"과거의 고수와 달리 더 나은 바둑을 두는 이들은 많다. 하지만 이들은 오래가지 못한다. 바둑판에서 나이를 먹는다는 건, 연륜이 쌓인다는 건 '다른' 바둑을 두는 것이다."

이 글을 읽는 독자들이여, 그대들의 삶은 어떤가. 더 나은 삶을 살려고 아등바등하고 있는가, 아니면 다른 삶의 방식을 찾아 진지하게 고민하고 있는가.

이세돌의 틀을 깬 신안

이세돌이 태어난 곳은 전라남도 신안 비금도라는 섬이다. 신안은 소리 없이 강한 여행지다. 이세돌이 태어난 곳은 도고리道古里. 비금도에서는 가장 큰 부자 동네로 통한다. 태어난 집은 족히 1천 5백 평은 될 정도로 널찍하다. 옛날 논을 메워 집을 지은 데다 이웃 빈집을 사들여 텃밭을 만든 덕분이다. 지금은 어머니 박양례 씨가 서울 자식들 집을 오가며 살고 있다. 그에게 바둑을 가르친 부친 이수오 씨는 1998년 암으로 작고했다.

이세돌이 바둑돌을 잡은 건 다섯 살 때다. 아버지(아마 5단)에게 바둑을 배웠다. 부친은 한결같았다. 아침 일찍 바둑판 네 귀퉁이에 1개씩 4개의 사활 문제를 내어주고 논에 나갔다. 저녁 농사일이 끝나면 돌아와 풀이를 확인했다. 이기면 칭찬, 답이 틀리면 불호령. 평소 자상

하고 인자했던 부친은 바둑판 앞에서만큼은 엄격했다.

반복은 습관을 만들고, 습관은 승리를 만든다고 했던가. 흑백을 모두 쥐고 하루에도 수십 번씩 '판을 허물었다가 새 판짜기'를 되풀이했던 그는 결국 초등학교 1학년 때 아마 5단 부친과 맞바둑을 뒀고, 2학년 때는 부친을 훌쩍 넘어선다. 바둑맨으로서 본격 행보가 남도의 작은 섬, 신안 비금도에서 시작된 것이다.

필자는 비금도를 '361개 점'이 만든 섬이라고 표현한다. 가로세로 19개 선과 선이 교차하는 점, 361개. 이 점을 따라 여행 포인트도 늘어서 있다. 묘한 건 유독 바둑과 관련된 핫스폿이 많다는 점이다. 먼저 요즘 제일 핫한 곳, 바둑과는 관련이 없지만 비금도에 오면 1순위로 찾는 '하트 해변'이라는 애칭의 하누넘 해변이다. 해변 라인이 영락없이 반원형 2개가 옆으로 붙은 하트 모양이다.

바둑 애호 여행족이라면 바둑의 흔적을 한 칸 뛰기로 찾아간다. 비금면 우이도에는 고운 최치원 선생이 신선들과 바둑을 뒀다는 바둑 바위가 지금도 남아 있다. 영락없는 암벽 바둑판인데, 가만히 눈을 감으면 그 시절 '신의 한 수'가 어렴풋이 그려진다.

2008년 12월 비금도 옛 대광초등학교에 세워진 이세돌바둑기념관도 '머스트 씨 포인트'다. 폐교된 옛 학교를 리모델링해 전시관과 대국장, 숙박시설을 갖춰 놓고 있는데 전시장에는 이세돌이 아버지에게서 바둑을 처음 배울 때 쓰던 바둑판과 바둑알이 그대로 보존돼 있다. 건물

앞면 벽에는 흑, 백, 초록, 노랑, 연분홍의 커다란 바둑돌이 알록달록
하게 걸려 있다.

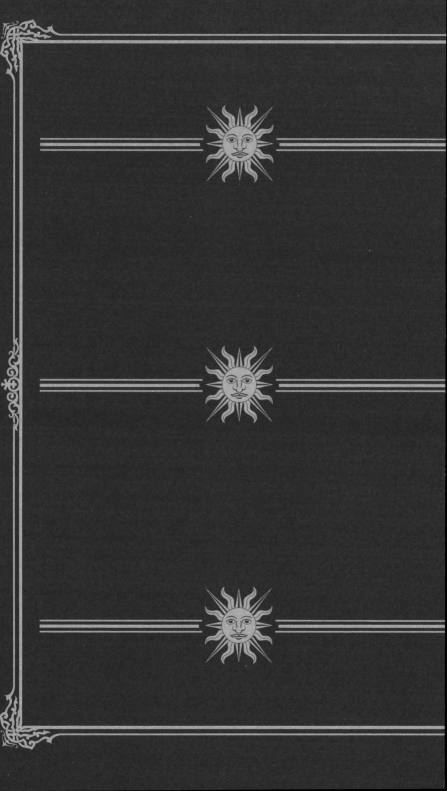

2장

The Hidden Tools

사람은 필요해서가 아니라
다르게 보이기 위해 큰돈을 쓴다

창의력 공식
'커넥팅 더 닷츠 *Connecting The Dots*'를 외워라

프로듀서

나영석

이 시대 멘토들도 알고 보면 보통 사람이다. 척척 천재적인 아이디어가 쏟아져 나오는 기계 같지만 사실 그렇지 않다. 그들도 보통 사람들과 마찬가지다. 아침에 늦잠을 자기도 하고 크리에이티브한 아이디어가 고갈돼 괴로워하기도 한다. '인생 멘토들은 생각하는 차원이 다른 거겠지, 우리는 도저히 따라갈 수 없겠지' 하는 생각은 말짱 오해다.

창의력 하면 떠오르는 '대한민국 시청률 제조기' 나영석 PD는 성공하는 크리에이티브(창의력)의 요소로 다른 사람보다 '반보 앞서 나간 새로움(아이디어)'을 꼽는다. 여기서 의문이 든다. 왜 한 발,

두 발, 세 발이 아닌, 정확히 '반 보'를 앞선 새로움일까. 그 반보 앞선 새로운 창의력이란 어떻게 만들어 내는 걸까.

크리에이티브의 핵심 '새로움'

예능 프로그램 〈1박2일〉, 여행 예능 〈'꽃보다' 시리즈〉, 〈삼시세끼〉, 〈신서유기〉 시리즈까지 줄줄이 히트작을 만들어 낸 그는 강연 때마다 성공하는 프로그램의 조건으로 세 가지를 든다.

어떤 것인지 차례로 나열하면 이렇다. '새로울 것', '재미가 있을 것' 그리고 '의미가 있을 것.'

그렇다면 이 세 가지 양념을 잘 버무리는 황금 레시피는 어떻게 짜야 할까.

세 가지 모두 나름대로 중요하지만, 가장 많이 투입해야 할 것은 '새로움'이라고 그는 강조한다.

"가장 중요한 건, 새로움입니다. 시청자들은 이렇게 생각하지요. '예능은 재밌으면 좋지 않을까, 다큐는 의미가 있으면 좋지 않을까.' 물론 이런 것도 중요합니다. 하지만 어떤 프로(콘텐츠)도 새로운 틀거리 안에서 표현되지 않으면 바로 외면당합니다."

TV 프로그램이든, 영화든, 유튜브 콘텐츠든 많은 사람에게 두고 두고 회자되는 경우가 있는가 하면, 확 떴다 확 사라지는 콘텐츠도 있다. 결국 이 지속성을 만들어 주는 요소가 '새로움'이라는 의미다.

일반인들은 막상 새로움을 얘기하면 거창한 것으로 오해를 한다. '세상에 없던 나만의 킬러 콘텐츠를 만들어야지', '혁명적인 뭔가를 발견해야겠어' 하고 대단한 결심으로 파고든다. 하지만 결과물은 뻔하다. 뇌즙을 쥐어짜서 새로움을 만들었는데, 그게 어딘가 이미 나온 것을 약간 변형한 정도일 뿐이다. (물론 가끔은 세상을 뒤흔들 만한 혁명적인 새로움이 나오기도 한다. 당신이 엄청난 천재거나, 십중팔구 로또 확률처럼 우연히 떠오른 아이디어 덕분일 것이다.)

이 새로움을 만드는 '크리에이티브'의 문제를 나 PD는 간단한 '문장' 하나로 풀어낸다. 그가 말하는 새로움을 만들어 내는 마법의 공식, 마법의 주문은 뭘까.

크리에이티브 마법의 주문 '커넥팅 더 닷츠'

인생 멘토들은 '새로움(창조력)' 문제를 간단하게 풀어 버린다. 그들의 전제는 '하늘 아래 새로운 콘텐츠는 없다'라는 것에서부터 출발한다. 새로운 것이 없다면 어떻게 새로운 것을 만들어 내야 하는 걸까. 그 핵심은 바로 보여 주기의 기술이다.

인문교양서 『에디톨로지*Editology*』를 쓴 김정운 교수는 새로움을 만나는 과정을 '편집의 기술'로 표현한다. 세상에 존재하는 콘텐츠들은 어떻게 편집하느냐에 따라 새로운 것으로 보일 뿐 새로울 게 없다는 의미다.

노벨 경제학상을 받은 리차드 탈러의 『넛지Nudge』 이론도 사실 이 관점에서 벗어나지 않는다. 원래 있던 것에 쿡 찌르는 요소를 삽입해 효과를 극대화하는 전략이다.

나영석 피디의 '창조력' 역시 이런 통찰과 궤를 같이한다. 그는 새로움, 즉 크리에이티브를 만들어 내는 마법의 주문을 한 문장으로 정리한다.

Connecting The Dots 점들을 연결하라

그 유명한 스티브 잡스의 명언 '커넥팅 더 닷츠Connecting The Dots' 다. 신종 기기 스마트폰의 원형(프로토 타입)이 된, '아이폰'이라는 크리에이티브한 창조물을 두고 잡스는 아이폰이 전혀 새로운 제품이 아니라고 역설한다. 그저 '원래 있던 기술Dots들을 연결했을 뿐Connecting'인데, 그 과정에서 아이폰이라는, 단 하나뿐인 '새로움'이 등장했다는 설명이다.

커넥팅 더 닷츠는 김정운 교수가 말한 '에디톨로지'와도 의미가 통한다. 하늘 아래 새로운 건 없다. 연결을 하고 편집을 했더니, 특별한 무언가가 되었다는 통찰이다.

나영석은 "방송 프로그램이라는 콘텐츠도 마찬가지다. 2개의 전혀 다른 소재들을 연결하는 데서 새로움을 만들어 내야 한다"라고 강조한다.

여기서 주의할 점이 있다. 연결Connecting하는 소재Dots의 성격이다. A와 B라는 소재를 연결한다고 치자. 이 A와 B는 전혀 다른 성격, 즉 완전히 다른 성분이어야 한다고 나 PD는 설명한다. 예컨대 예능 프로그램 〈꽃보다 할배〉를 보자. 전체적인 콘셉트는 배낭여행이다. 그런데 주인공들은 이순재, 백일섭, 신구 같은 실버 연예인들이다. 시청자라면 누구나 떠올리는 배낭여행 프로그램은 응당 젊은 아이돌로 구성된 다이내믹한 흐름이어야 할 것이다. 하지만 〈꽃할배〉는 정반대의 소재를 연결한다. 배낭여행과 전혀 어울릴 것 같지 않은 실버세대 연결에 시청자들이 열광했던 것이다.

왜 서로 다른 소재여야 할까. 나 PD는 그런 다름의 연결이 '스파크Spark'를 만들어 낸다고 말한다.

"〈1박 2일〉이라는 예능 프로그램을 마친 뒤에, 여행 프로그램을 기획하는 순간이었습니다. 배낭여행으로 전체적인 콘셉트는 잡았는데, 문제는 출연진이었죠. 누구를 데려가는 게 좋을까. 많은 이들은 관습적으로 아이돌을 떠올리겠죠. 20대, 취업을 앞둔 청년, 그들이 견문을 넓히러 가는 게 배낭여행이었으니까요."

하지만 그는 정반대로 간다. 배낭여행(A소재)과 전혀 다른 실버

세대(B소재)를 연결하자 특별한 스파크가 튀었다. 이 스파크 요소가 크리에이티브가 된다는 것이 나 PD의 논리다.

조금 더 깊이 들어가 보자. 크리에이티브 스파크를 위해 A와 B, 전혀 다른 두 소재를 연결하라는 것까지는 이해했다. 그렇다면 가지가 되는 소재의 성격은 어떤 것이어야 할까. 아무 소재나 그냥 다르기만 하면 연결해도 될까. 아니다. 나 PD는 그 소재, 즉 A와 B라는 요소에 대해 '광범위한 지지를 얻는 보편적인 소재'라고 정의한다.

일반 사람들은 '크리에이티브'를 떠올릴 때 이 세상 어디에도 없는 것을 상상한다. 물론 이런 천재적인 영감도 중요하다. 하지만 '세상에 없는 크리에이티브'는 양날의 검이다. 신선해 보일 수는 있지만 아무도 관심을 갖지 않는 결과에 주저앉을 수도 있다. 크리에이티브한 것을 만드는 사람일수록, 그 새로움에 대중과의 호흡이 섞일 수 있도록 유도하는 것이 중요하다.

나 PD는 이렇게 설명한다.

"스티브 잡스의 경우로 다시 돌아가 볼까요. 아이폰이라는 혁명적인 스마트폰의 원형을 만들어 냈지만, 전화라는 기기는 어쩌면 가장 보편적인 소재입니다. 그가 만든 아이팟도 그렇지요. 그 기기 안에 노래를 담았거든요. 노래는 전 세계에서 가장 보편적인 소재 중 하나입니다."

다시 〈꽃보다 할배〉의 경우를 보자. A 소재, 배낭여행이라는 건 정말이지 보편적인 소재다. 여행 좀 한다는 사람들은 누구나 배낭여행을 꿈꾼다. 대척점에 선 B 소재 박근형, 신구, 백일섭, 이순재라는 실버 세대는 어떤 소재(배우)보다 보편적이다. 대한민국 국민이라면 모두 알고 존경하고 사랑하고 50년 이상 브라운관에서 활동한 분들이다. 이분들만큼 보편적이고 사랑받는 소재가 있는가.

지금까지의 통찰을 정리하자면 이렇다.

'크리에이티브한 콘텐츠를 만들기 위해서는 전혀 성격이 다른 두 소재를 특별한 스파크가 튀게 연결해야 한다. 그 두 소재는 광범위한 지지를 얻는, 보편적인 것이어야 한다.'

나영석은 이렇게 말한다.

"배우 이순재 씨가 프랑스 지하철역에 섰을 때, 어떤 도움도 없이 지도 하나만 읽고 길을 찾아갈 때, 그리고 도착한 유적 앞에서 더듬더듬 그 영어 설명을 읽고 감탄할 때, 우리는 빠져듭니다. (우리가) 미처 생각지 못한 언밸런스한 조화라는 게 있어서입니다. 이런 게 크리에이티브, 즉 새로움이라는 요소입니다."

크리에이티브 '스위트 스폿' 반보

　새로움을 만들어 내는 크리에이티브 스파크의 구조와 생성 과정은 어느 정도 감을 잡았으리라 본다. 그런데 여기 주의사항이 있다.

　나 PD는 주의 요소로 '새로움의 정도'를 강조한다. 무조건 새로우면 되는 건가. 10년, 100년을 앞서가도 되는 걸까. 아니면 딱 5년 정도를 앞서가야 하는 걸까.

　말하자면 크리에이티브 스파크의 정도에 대한 문제다.

　『생각이 돈이 되는 순간*The Creative Curve*』이라는 책에서 앨런 가넷은 '크리에이티브 커브(창의력 곡선)'을 인용해 새로움을 받아들이는 대중의 심리에 대한 통찰을 설명한다. 친숙성과 색다름을 둘 다 추구하는 성향은 선호도와 친숙성에서 종형 곡선(창의력 곡선)의 관계를 보인다. 이 곡선에서 음악이나 영화 같은 새로운 콘텐츠를 만난 대중들의 흥미가 탄력적으로 상승하는 구간이 스위트 스폿*Sweet Spot* 영역이다. 나 PD가 말한 반보 앞선 새로움의 영역이 정확히 이 스위트 스폿 구간과 겹친다.

　나 PD 역시 크리에이티브를 주제로 강연할 때마다 강조하는 점이 정확히 '반보' 앞선 새로움이다.

　"프로그램을 만드는 이들은 이렇게 얘기합니다. 반보가 아닌, '한보'를 앞서가면 시청자가 따라올 수 없습니다. 사실 반보와 한보, 별 차이는 없는데, 이 미세한 차이가 프로그램의 성공과 외면, 그 갈래를 만들어 내는 균형점입니다."

반보가 아닌 한보를 앞서면 시청자들은 신선하다고 느끼지 않고 지겹다고 생각한다. 크리에이티브 커브에서 놓고 보면 스위트 스폿 영역을 거치지 않고 그 단계를 뛰어넘어 바로 진부함의 영역으로 접어드는 것이다. 그러다 보니 새로움을 지겹다고 느끼고 아예 외면해 버린다.

반면 반보가 앞서면 어떨까. 시청자들은 "저게 뭐지?" 하며 기꺼이 그 반걸음을 따라온다. 그래서 그는 말한다. 프로그램을 만드는 사람, 더 나아가 창의력을 앞세운 일을 하는 사람들은 늘 반보 앞서 나간 그 지점에서, 두근거리는 마음으로 대중(시청자 포함)이 따라오기를 기다리는 일을 하는 것이다.

실행력을 간과하지 마라

창의력, 새로움을 만들어 내는 과정을 고민하다 보면 누구나 하는 치명적인 실수가 있다. 사람들 대부분 '생각'에만 집중한다는 점이다. 물론 크리에이티브한 생각도 중요하다. 하지만 더 중요한 것은 따로 있다. 바로 '실행력'이다.

『탁월함을 찾아서In search of Excellence』의 저자 피터스와 워터맨은 실행력을 강조하면서 '사격'을 예로 든다. 세계적인 리더들은 누구나 거치는 '준비-조준-사격'의 3단계 대신 '준비-사격-조준'의 단계를 거친다고 말한다. 0점을 조준하며 때를 기다린다면 기회를 영원히 얻지 못할지도 모른다. 중요한 것은 일단 일을 벌이는 실행력이라는 뜻이다.

그는 '크리에이티브한 작업은 다층적인 과정'이라고 강조한다. 인기 예능 프로그램 〈삼시세끼〉를 제작하는 과정이 그렇다.

"우리가 시골을 간다고 했을 때, 사람들은 푸세식 화장실에 모기도 많고 힘든 곳이라는 이미지를 떠올립니다. 이 이미지를 뒤집는 작업은 그냥 보편적인 소재들을 충돌시키는 데서 끝나지 않습니다. 다양한 콘텐츠 소비 연령대의 욕구를 두루 충족시켜 줘야 하는 작업이 남아 있는 거죠. 나이가 든 시청자들에게는 소년시절의 기억, 젊은 층에게는 시골에 대한 호기심, 시골에 살아야지 생각하는 시청자에겐 모던한 시골의 깔끔한 이미지들 같은 것."

일단 실행(사격)한 뒤에 조준(0점 정렬)을 해야 하는 게 크리에이티브 작업인 것이다.

실행력 순서에 대해 그는 단계를 강조한다. 1단계는 일단 물어보라는 것. 이 과정은 특히 중요하다. 지금 이 시점에 대중들이 원하는 소재, 보편적인 소재를 파악하는 점검 과정이기 때문이다. 2단계는 자신의 생각을 첨가하는 단계다. 주의할 것은 1단계와 2단계의 순서가 뒤집히면 안 된다는 점이다.

'왜 내 상사는 이걸 이해하지 못하지? 내 친구들, 내 주변 사람들은 왜 크리에이티브한 요소를 알아봐 주지 못하지?' 하고 자신의 창조력을 주입(?)하는 우를 범해선 안 된다. 어떤 새로움이 먹힐지,

요즘 유행하는 새로움의 트렌드를 먼저 물어보고 난 뒤 자신의 생각을 넣고 실행에 옮겨야 한다.

당신은 어떤가. 나에게 멋지고 기발한 아이디어가 있으니 투자해 달라고 요청하고 다니지 않는가. 순서가 틀렸다. 어떤 아이디어에, 새로움에, 크리에이티브에 투자할지를 먼저 물어봐야 한다. 생각하기 전에 들을 수 있는 사람이 되어야 한다.

스파크를 일으킨 아이슬란드

인생은 거대한 쓰나미다. 주도권을 놓치고 한 번 휩쓸리면 끝이다. 그 강렬한 흐름 속에 끌려가면 자신이 어디쯤 와 있는지, 뭘 하고 있는지조차 잊게 된다. 그러다 작은 반전이 시작된다. 자신을 그 흐름에서 끄집어내고, 마치 관조하듯 전지적 작가 시점으로 인생을 내려다볼 수 있는 '사건'은 아주 사소한 데서 솟아난다.

평생을 새로운 콘텐츠를 찾아 헤맨 나영석 PD. 그도 동력을 잃고 흔들린 적이 있다.

남들은 '청춘'이라며 흥분해서 쏘다닐 때, 편집실에 틀어박힌 채 끙끙대며 그 소중한 30대를 오롯이 프로그램 하나에 바쳤을 즈음이다. '국민 프로그램'이라 불리며 여기저기서 상을 휩쓴 그는 어느 날 집에 들어가는데 서먹함을 느꼈다고 회상한다.

촬영을 끝내고 여느 때처럼 집으로 향했는데, 어라 깜짝 놀라 자신을 낯설어하는 네 살 딸이라니. 며칠 뒤 또 서먹함을 느끼는 사건이 잇따라 발생한다. 아빠를 서먹해하는 아이는 그렇다 쳐도 길거리에서 사인 요청을 받는 남편이 창피해 아이와 함께 멀리 떨어져 걷는 아내까지, 서먹함의 콤보 공격을 맞는다.

5년간 예능 프로그램 〈1박 2일〉 쓰나미에서 그를 콕 집어 들어 올려놓은 건 이 '서먹함'이었다.

"별거 없네. 정신을 차렸더니, 이건 이 시대 여느 가장家長들과 같았던 거죠. 서글픈 얼굴을 한 예비 중년의 전형적인 모습."

가족뿐 아니라 손발이 척척 맞던 출연자들도 하나둘 떨어져 나갔고, 지친 스태프들도 급기야 병원행이 잦아지기 시작했다. 그리고 완전한 방전.

그는 결국 짐을 쌌다. 머릿속을 관통한 생각은 딱 두 가지였다. '버둥거리며 내 시간을 바친 이 일은 돈벌이 수단인 걸까, 아니면 끈질기게 추구할 만한 삶의 목표인 걸까?'

이런 헷갈림 속에 덜컥 배낭을 꾸려 휴가를 감행한 곳은 아이슬란드. 진정 막연한 선택이었다. 머릿속엔 그저 오로라뿐이었다. '영혼의 샤워라고 불리는 오로라의 신비한 움직임을 보고 나면 뭐라도 해답을 얻지 않겠어?' 하는 간절함뿐이었다. 정말이지 그랬다. 여행을 떠나서는 오직 오로라만 생각하자. 회사를 관두든, 답을 찾아 다른 길을 가든 결정은 그다음에 하자.

오로라를 만나기는 쉽지 않았다. 날씨는 오락가락했다. 흐림, 비, 비, 또 흐림.

헤매며 헛물을 켜는 와중에 그의 머릿속을 떠나지 않았던 생각은 역시나 〈1박 2일〉이었다.

모든 걸 떨쳐 버리겠다고 20시간 비행기를 타고 먼 이국까지 날아왔건만, 민박집에서 이케아 냄비에 삼양라면을 끓이다 프로그램 시청률을 검색하는 자신의 모습. 기념품 가게에서 만난 오로라 사진 밑의 'VARIETY'라는 글자를 보고 '버라이어티 정신'을 주야장천 외치던 강호동을 떠올렸던 자신. 차라리 생각하다 보면 질리겠지 하며 그는 〈1박 2일〉 시작부터 마지막까지 전체를 복기했다.

그러다 귀국이 초읽기에 들어간 마지막 무렵, 오로라를 보고 만다. 떠나기 전에야 얄밉게 고개를 내민 오로라. 들숨과 날숨을 천천히 내쉬며 하늘거리는 오로라를 보고 있자니 가슴이 저릿해졌다. 그가 말한 '크리에이티브 스파크' 같은 느낌. 그 순간 그 스파크가 머리를 쾅 친다. 그렇게 홀린 듯 기다리다 만난 오로라의 그 저릿함과 스파크. 그것이 그렇게 그가 도망치고 싶었던 〈1박 2일〉 연출 당시 느낀 저릿함, 스파크와 같은 거였다고 한다.

"인생의 해답을 얻고자 오로라를 찾아 몇천 킬로미터를 날아왔는데, 답을 준 건 오로라가 아니라 가슴이었죠."

그의 머릿속이 고민 덩어리에 짓눌려 있을 때 그의 가슴은 촬영의 쿵

쾅거림과 두근거리는 저릿함, 즉 스파크를 찾아 헤매고 있었던 거다. 여행에서 돌아온 뒤 그는 『어차피 레이스는 길다』라는 책에 이렇게 쓴다.

"일은 머리가 시키는 것이 아니고 가슴이 명령하는 것이다. 성공을 좇아서 하는 것이 아니라 두근거림을 좇아서 하는 것이다. 이 단순한 진리를, 나는 그동안 왜 잊고 살았을까. 다음 행선지는 결국 내가 정해야 하는 것."

인생을 바꾼 아이슬란드 여행을 끝낸 뒤 그는 지금 시청자들에게 가슴 저릿한 두근거림을 찾아주는 '여행 프로그램'에 올인하고 있다. 누가 고민이 많다고 하소연하면 그는 가슴이 스파크를 다시 느끼는 여행을 '잠깐' 해 보라고 답을 준다. 조금 쉬어 간다고 큰일이 생기는 건 아니다. 어차피, 레이스는 기니까.

진정한 자아 찾기 '페르소나'를 벗어라

가수

BTS RM

"진정 내가 원해서 이 일을 하고 있는 걸까?"

당신이 누구나 부러워하는 의사라고 치자. 정신없이 환자를 돌보는 생활을 하다 보면 어느 순간 이런 의문이 든다. '의사라는 직업, 진정 내가 원해서 하는 일일까?' 참으로 난감하다. 이에 대한 답을 찾으려면 나의 욕망에 대한 근원적인 질문으로 파고들어야 한다. 그런데 이게 만만치 않다. 생명을 구하고자 하는 욕망이 어릴 적부터 나의 깊은 곳에서 자리 잡고 있었는지, 아니면 부모님이나 고등학교 선생님이 "넌, 의사를 해야만 해"라는 말로 나의 욕망을 인위적으로 조작한 것인지 파헤치는 것부터 머리가 아프다. 만약, 주입된 욕망이었다면 어쩔 것인가. 제대로 된 나의 욕망을 다시 찾고, 그런 나의 나를 추구하기 위해 의사라는 일을 때려 쳐야 하는 것일까.

세계적인 그룹 방탄소년단의 리더 RM도 고민이 있다. K팝으로 세계적인 명성을 구가하지만 이게 꼭 '가면^{페르소나}'을 쓴 느낌이다. 진정 RM이 바라고 원했던 '욕망'이 아니라, 어쩌면 누군가 "방탄소년단이 돼야 해, 넌 노래를 해야 해. 계속 철학적인 가사를 써야 해"라며 주입한 욕망인 건 아닌지 헷갈리기 시작한다. 급기야 노래 가사에서 "누군 달리라고 하고 누군 멈춰서라 해. 얘는 숲을 보라고, 걔는 들꽃을 보라 해"라며 읊조린다.

독자들이여, 잠깐 멈춰 서서 보시라. 그리고 그대에게 질문을 던져 보시라. 당신은 '나의 나'로 살고 있는가, 아니면 '남의 나'로 살고 있는가.

페르소나의 주입 = 정형화된 욕망의 주입

인생 멘토들은 살아가면서 진정한 자신의 욕망대로 살아가는 건 착각일 뿐이라고 말한다. 자신의 욕망이라고 여긴 부분이 실은 '타인의 욕망'일지도 모른다는 섬뜩한 논리다.

RM이 캐치한 가식적인 '페르소나^{가면}'의 형성은 교묘한 과정을 거쳐, 은밀하게 세뇌된다.

이 과정을 가장 적나라하게 파헤친 책이 있다. 『부의 추월차선』으로 세계적인 명성을 얻은 엠제이 드마코가 쓴 『언스크립티드Un-scripted』다. 이 책의 핵심은 제목에 나온 그대로다. '스크립티드(각본대로 짜인 세상)'가 된 세상에서 '각본화 과정을 벗어나라Unscripted'라는 주문이다.

엠제이가 캐치한 스크립티드는 RM이 말하는 페르소나, 즉 '가면화 과정'과 일맥상통한다.

가면화가 이루어지는 1차적인 장소가 놀랍게도 가정이다. 태어나자마자 아이는 '부모가 좋아하는 것'을 욕망하도록 자연스럽게 세뇌된다. 철학자 라캉의 '인간은 타자의 욕망을 욕망한다'라는 말을 떠올리면 된다. 예컨대 이런 식이다. 아이가 벌떡 일어나 걸으니, 엄마가 박수를 치며 깔깔댄다. 아이는 그 순간을 감지한다. '아, 내가 벌떡 일어나 걸으니 엄마가 좋아하는구나.' 이 사실을 깨닫고 그 과정을 반복한다. 이러한 나의 욕망이 아닌, 남의 욕망을 욕망하도록 하는 가장 원초적인 세뇌 과정이 지나고 나면, 다음 단계 세뇌 교육이 기다리고 있다. 유치원과 학교다.

사회성이 자연스럽게 주입되면서 선생님이 바라는 욕망, 사회가 바라는 욕망이 차례로 스며든다. 이 과정, 그러니깐 페르소나화 되고 스크립티드되는 이 전체의 과정을 인간은 눈치채지 못한다. 그렇게 사회로 나간다. '나의 나'로 살고 있는지, 아니면 '남의 나'로 살고 있는지 구분조차 짓지 못한 채 직장생활을 시작한다. 그러면서 결혼하고 아이를 낳고 가정생활을 한다. 삶의 무게에 짓눌려 자신을 돌아볼 겨를도 없이 살아가다 정신을 차려 보면, 어느새 죽음이 코앞에 있다. 어느 순간 현실 자각 타임이 온다. 나의 욕망을 추구하며 '나의 나'로 살아온 건가, 아니면 남의 욕망을 따라가며 '남의 나'로 살아온 건가. 그리고 다음과 같은 결론에 도달한다. '헷갈린다, 그냥 살자'라는.

페르소나를 벗어라

페르소나에 대한 지식백과 사전 설명은 이렇다. '가면. 인격. 타인에게 파악되는 자아. 그리스 어원의 가면을 나타내는 말. 외적 인격 또는 가면을 쓴 인격을 뜻한다.'

스위스 심리학자이자 정신과 의사인 카를 구스타프 융은 말한다. 사람의 마음은 의식과 무의식으로 이루어진다. 가면을 썼다는 의미의 페르소나를 융 식으로 표현하자면 '무의식의 열등한 인격이며 자아의 어두운 면'이다.

혜민 스님 식으로 이해하면 쉽게 와 닿는다. 혜민 스님은 진정한 자신의 욕망을 알고 그 욕망을 추구하며 사는 인간을 '나의 나'라고 표현한다. 반대로 '남의 욕망에 따라 살고, 그 욕망이 남의 욕망이라는 것조차 모르는 인간'에 대해서는 '남의 나'라고 정의한다. 이렇게 보면 단순해진다.

자, 가슴에 손을 얹고 생각해 보자. 그대는 남의 욕망에 따라 가면을 쓰고 사는 페르소나적 인간인가, 아니면 나의 욕망에 따라 진정한 나의 욕망을 추구하며 사는 나의 나인가.

BTS의 〈페르소나〉 가사는 이렇게 시작한다.

나는 누구인가 평생 물어온 질문 / 아마 평생 정답은 찾지 못할 그 질문 / 나란 놈을 고작 말 몇 개로 답할 수 있었다면 / 신께서 그 수많은 아름다움을 다 만드시진 않았겠지

RM의 욕망에 대한 통찰을 느낄 수 있는 대목이다. '나는 누구인가?' 평생을 물어왔다는 것은 '나의 나'로 살아왔는지 '남의 나'로 살고 있는지에 대한 물음이다. 이 물음에 대한 근원은 욕망으로 돌아간다. 자신이 진정으로 원하는 욕망을 추구하며 사는 것인지, 아니면 그게 남의 욕망인지도 모른 채 남이 원하는 욕망을 추구하며 '남의 나'로 살고 있는 것인지.

이 지점은 이어지는 〈페르소나〉 가사에서 이렇게 표현된다.

사실 난 너무 좋아 근데 조금 불편해 / 나는 내가 개인지 돼진지 뭔지도 아직 잘 모르겠는데 / 남들이 와서 진주목걸일 거네 / 칵 퉤 / 예전보단 자주 웃어 / 소원했던 Superhero / 이젠 진짜 된 것 같어 / 근데 갈수록 뭔 말들이 많어 / 누군 달리라고 하고 누군 멈춰서라 해 / 얘는 숲을 보라고 걔는 들꽃을 보라 해 / 내 그림자, 나는 망설임이

라 쓰고 불렀네

뭔가 다급하다. 헷갈린다. RM도 "갈수록 뭔 말들이 많아, 누군 달리라 하고, 누군 멈춰서라 해, 애는 숲을 보라고, 걔는 들꽃을 보라해"라고 말하며 혼란스러워한다.

이 갈등의 순간, 이 경계를 어떻게 극복해야 할까. 다시 말해 어떻게 페르소나를 벗어던져야 할까.

RM의 페르소나 극복법

RM의 페르소나 극복법

1단계 : 욕망의 구분 = '나의 나'와 '남의 나'를 구분하라.

2단계 : '나의 나'로 살기 vs 융합('나의 나'와 '남의 나'의 융합)으로 살기.

RM의 페르소나 극복법은 두 단계를 거친다.

1단계는 욕망을 구분하는 것. 그러니깐 나의 나로 사는 건지 남의 나로 사는 건지 정확히 구별해 내는 단계다. 개념을 차분히 잘만 이해하면 아주 간단하고 쉬운 말처럼 보이지만 사실 이 두 가지를 엄격히 구분하는 것도 쉬운 일이 아니다. 오랜 기간 무의식 속에 주입된 페르소나의 강렬한 벽을 무너뜨리는 과정은, 수많은 고민과 시간을 투입해야 가능한 일이다.

하지만 당신이 이 힘든 구분을 결국 해냈다고 치자. 그렇다면 2단계로 접어들어야 한다. 2단계는 '실행'이다. 실행법은 두 가지로 나뉜다. 나의 나로 그냥 밀어붙여 사는 방법이 있다. 이 책을 보는 당신의 의지력이 최강이라면 이 단계를 밟아도 무방하다. 하지만 이 길에는 함정이 있을 수 있다. 쉽게 말해 내가 정말 하고 싶은 나의 욕망을 알아냈는데, 이 욕망이 '나의 욕망이라는 오해'일 수 있다는 위험이다. 만약 '나의 욕망이 이거다' 하고 '나의 나'로의 길을 선택했는데, 결과가 나온 뒤 곰곰이 생각해 봤더니, 남의 욕망 그러니까 '남의 나'였다면 어떻게 되는가. 결과가 나온 뒤에는 뒤집을 수도 없다.

RM은 'But그러나'이라는 키워드로 '융합법'을 슬며시 강조한다. 여기에 RM 통찰력의 탁월함이 있다. 그냥 페르소나를 벗어던지라는 의미가 아니다. 가면을 쓰고 살라는 것도 아니다. 지금 당신이 쓰고 있는 그 '가면' 속에 당신의 본성과 욕망이 일부 숨어 있을 수 있다는 통찰이다. 그러니 욕망의 영역에서 엄격히 '나의 나'와 '남의 나'로 당신을 구분하는 것은 어찌 보면 무의미하다는 논리인 것이다.

유재석과 '유산슬' 캐릭터를 떠올리면 이해가 쉽다. TV 프로그램 〈놀면 뭐하니?〉를 통해 데뷔한 유산슬의 정체는 국민 MC 유재석이다. 유재석이 유산슬이라는 이름으로 〈아침마당〉에 출연했을 때의 일이다. 시청자가 유재석과 유산슬 관계에 대해 묻자 유산슬이 말한다.

"유재석은 본인 스스로 결정하지만, 유산슬은 누군가에 의해 조종당하는 존재입니다" 라고.

『사이드 허슬러』라는 책에서는 유재석을 본캐(본래의 캐릭터), 유산슬을 부캐(부차적 캐릭터, 즉 서브 캐릭터)라고 표현한다. 부캐는 원캐를 보강하거나 새로운 페르소나를 적극적으로 구축하고 싶을 때 만들어지는 존재다. 게임 공간이나 SNS 공간에서는 본캐를 어느 정도 키운 뒤 나만의 개성이 담긴, 또 다른 캐릭터를 만들고 싶을 때 부캐를 쓴다. 때론 부캐가 성장해 어느새 본캐의 역할을 하기도 한다.

말하자면 본캐는 '나의 나', 부캐는 '페르소나'라고 보면 된다.

이 둘을 딱 구분해 본캐, 즉 '나의 나'로 사는 게 아니라, 적극적인 부캐(페르소나)를 발굴해 또 다른 자아구현의 수단으로 활용할 수도 있는 것이다.

이 단계에 접어들면 가면의 의미를 뜻하는 페르소나는 부정적인 의미로만 비치는 게 아니다. 오히려 자아실현의 또 다른 수단이 되는 긍정적인 페르소나로 둔갑한다. RM은 자유자재로 페르소나를 만들어 내고 조절하는 단계의 통찰까지 나아간 셈이다.

그때마다 날 또 일으켜 세운 것, 최초의 질문 / 내 이름 석 자 그 가장 앞에 와야 할 But / (…) 내가 기억하고 사람들이 아는 나 / 날 토로하기 위해 내가 스스로 만들어 낸 나 / Yeah 난 날 속여 왔을지도 삥쳐

왔을지도 / But 부끄럽지 않아 이게 내 영혼의 지도 / Dear myself 넌 절대로 너의 온도를 잃지 마 / (…) 이게 내가 걸어두고 싶은 내 방향의 척도 / 내가 되고 싶은 나, 사람들이 원하는 나 / 니가 사랑하는 나, 또 내가 빚어내는 나 / 웃고 있는 나, 가끔은 울고 있는 나 / 지금도 매분 매순간 살아 숨쉬는

'내가 되고 싶은 나'와 '사람들이 원하는 나'가 있는데, 거기에 또 '내가 빚어내는 나'가 등장한다.

페르소나는 가면이고 가짜다. 남의 욕망을 따라 살아온 '남의 나'이면서 사회적 얼굴이고 진짜 자기 자신이 아니다. 인생 멘토 대부분은 '여기서 가면을 쓴 이중적인 나에서 진실한 나를 찾자'는 쪽으로 조언하고 끝내기 마련이다. 하지만 RM은 여기서 머무르지 않는다. 그 페르소나조차 더 큰 틀에서는 '나'일 수 있다고 본다. 더 나아가 페르소나가 만든 '가면의 나'를 부캐처럼 마음대로 조작하는 단계까지 나아가 볼 것을 넌지시 암시하고 있다.

아르투어 쇼펜하우어는 말했다. 남을 닮기 위해 인생 중에서 4분의 3을 낭비하는 게 인간이라고. 당신은 어떤가. 당신이 좇고 있는 꿈은 당신의 꿈인가, 아니면 남의 꿈인가.

이곳에서 비로소 나를 찾았다

방탄소년단*BTS*의 리더 RM의 통찰을 만든 곳은 놀랍게도 자연이다. 다양한 곳에서 통찰의 단초를 얻었지만 그중에서 세 곳을 특히 의미 있는 곳으로 꼽는다.

RM 핫스폿으로 꼽히는 넘버원 명소는 전라남도 담양의 죽녹원이다. 축구장 20개 크기의 대한민국 최대 대나무 군락지를 품은 최고 힐링 포인트다. 그가 독특한 패턴의 셔츠를 입고 인근 소쇄원(1530년께 양산보가 조영한 별서원림. 별서란 선비가 세속을 떠나 자연에 귀의해 은거 생활을 하기 위한 곳)과 메타세쿼이아 길을 자전거로 다니며 솜사탕을 먹었다고 알려져 난리가 난 곳이다.

이곳에서 대나무를 보며 그는 앞만 보고 달려온 인생에서 잠깐잠깐 쉬어가는 '마디(쉼의 마디)'를 만들어야 하는 중요성을 알았으리라. 대나무처럼 '마디'가 있어야 강한 바람(역경)에도 꺾이지 않고 그저 휘

어졌다, 다시 펴질 수 있다.

남해 향일암도 그의 손길이 묻어 있는 명소다. 선덕여왕 때 원통암이란 이름으로 세워졌고, 지금의 향일암이라는 이름은 조선 숙종 41년에 지어졌다. 향일암에 오르는 과정이 흥미롭다. 향일암에 오르려면 바위동굴 틈 7개를 지나야 한다. 간절한 마음을 품고 이 틈을 모두 지나면 소원 한 가지는 반드시 이루어진다는 곳. 하지만 만만치 않다. 7개 틈 중 으뜸으로 꼽히는 바야굴 해탈문은 그 이름처럼 마음이 무거운 사람은 지나지 못한다고 하니 이곳을 지나기 전에 쌓인 '마음 짐'을 다 내려놓아야 한다. 이곳에 RM이 내려놓은 것은 '페르소나'였을 것이다. 한 걸음 한 걸음 바위틈을 지나며 그는 오롯이 자신의 욕망, 자신의 자아를 찾았으리라.

경춘선 숲길도 RM 덕에 유명세를 탄 포인트다. 선로가 있는 이 숲길은 화랑대역(폐역)까지 이어진다. 나란히 난 선로. 평행선처럼 동일한 간격으로 뻗어나간 선로 위에서 독자들은 끊임없이 생각해 봐야 한다. 양쪽에 나란히 뻗은 선로의 한쪽은 '나의 나' 그리고 반대편으로 나란히 뻗은 나머지 선로는 '남의 나'라고 여기시라. 그리고 페르소나를 고민하시라.

내가 되고 싶은 나, 사람들이 원하는 나 / 니가 사랑하는 나, 또 내가

빚어내는 나 / 웃고 있는 나, 가끔은 울고 있는 나 / 지금도 매분 매순간 살아 숨쉬는 / Persona

일등이 되는 도구 'The One'

언론인

이어령

그대, 일등이고 싶은가. 아주 간단한 방법이 있다. 10명이 경쟁하건, 100명이 맞붙건, 전 세계 10억 명이 싸우건, 무조건 1등을 할수 있는 생존법이 있다. 전혀 어렵지 않다. 출발점에서 요이 땅 하고 동시에 출발할 때, 남들이 가지 않는 방향으로 뛰어가면 된다. 모두가 정해진 골인 지점을 향해 달려가면 등수가 차례로 정해진다. 10명이 뛰었다면 일등부터 꼴찌까지 등수가 나온다. 하지만 모두가 다른 방향으로 뛰면 놀라운 일이 벌어진다. 모두가 일등이 되는 것이다. 누구나 머리 싸매고 고민하는 '일등 하는 법'을 간단한 논리적 사고로 풀어 버린 지성인, 그가 이어령이다. 물론 중요한 점이 있다. 무작정 다른 방향으로 뛴다고 되는 게 아니다. 다른 방향으로 뛰는 법을 제대로 알아야 한다. '다름*Different*'을 갖추는 법. 그것을 알면 그대는 세상에 하나뿐인, '더 원*The One*'의 경지에 이를 수 있다.

더 원이 되어라

지성 멘토 이어령 교수가 쓴 짤막한 글이 있다. 일등의 통찰을 담은 〈일등을 시키려면〉이라는 글이다. '대학입시, 가정꾸리기, 번듯한 직장'이라는 정해진 패턴, 하나의 방향, 하나의 길만 보고 가는 우리의 뒤통수를 콩 치는 놀라운 통찰과 사고가 담겨 있다.

"같은 방향으로 뛰면 일등은 하나밖에 없어요. 그러나 동서남북으로 뛰면 네 사람이 일등을 해요. 360도 둥근 원으로 뛰면 어때요? 360명의 일등이 나오잖아요. (중략) 왜 꼭 그 학교라야 하나요. 왜 꼭 그 직업이라야 하나요. 판사, 검사가 아니라도 의사, 변호사가 아니라도 길은 많아요. 틀림없이 있을 거예요. 남들이 가지고 있지 않은 내 아이만의 재능, 그것이 경쟁에서 일등을 할 수 있는 지름길이에요. 남들이 남쪽으로 뛰어갈 때 혼자서 동쪽으로 가고 싶어 하면, 그곳으로 뛰게 하세요. 거기 아무도 먹지 않은 탐스런 과일이 열려 있어요."

하나만 고집하는 것을 '수렴收斂적 사고'라고 한다. 반대로 다양한 방식으로 나아가는 것은 '확산擴散적 사고'다.

이어령 역시 확산적 사고를 실천하지 못했음을 최근에야 통탄한다. 언뜻 이해가 안 된다. 남들이 볼 때 그의 직업은 12개가 넘는다. 교수, 장관, 행정직에 언론인까지 안 해 본 일이 없다. 하지만 그는 인생을 좁게 살았다고 고백한다.

"글 쓰고 읽고 사색하고. 그게 삶에서 가장 중요한 것이라고 생각하고 그것만 했지요. 다른 길이 없었습니다."_셀레브 강연 중에서

그는 후회스럽다고 한다. 여든이 넘은 나이가 되어서야 한 번밖에 없는 생명, 위대한 작가가 되어야겠다며 한 길만 걸어온 것이 과연 값어치 있게 산 것일까 고민이 된다는 것이다.

그는 누구나 다양성의 근원인 '천재성'을 가지고 있다고 말한다. 개개인 나름대로 그 사람만이 할 수 있는 특별한 능력이 있다는 것이다. 문제는 이런 천재성이 덮인다는 점이다. 가정에선 부모가 덮고, 학교에 가면 선생님들이 너무 튄다며 인정을 안 하고, 직장에 가면 상사들이 '시키는 것만 하라'고 가려 버린다. 확산적 사고를 할 틈이 없어지는 것이다.

그러니 다른 방향으로 뛸 수가 없다. 한 방향으로, 하나의 골인 지점을 위해 평생을 달려야 하니 버겁다. 등수가 딱딱 정해지고 선두권에 들지 못하면 인생을 잘못 산 것 같은 자괴감이 몰아친다. 그

들의 대열에서 가장 앞서가는 'Best One베스트 원'이 돼야 하는데 아, 힘이 떨어진다. 뒤처진다. 결국, 포기한다.

이어령의 지성은 차라리 '더 원*The One*이 돼라'고 강조한다.

세상에 하나밖에 없는 존재가 자기 자신이다. 굳이 남과 같이 살 필요가 없다. 대중이 가는 길과 반대의 방향으로, 외로운 늑대가 되어 도전해 보라고 말한다.

'베스트 원'이 되는 것과 '더 원'이 되는 것은 차원이 다른 게임이다. 베스트 원이 되는 경쟁은 'Better' 즉, 더 나아야지 이기는 게임이다. 반대로 '더 원'이 되는 경쟁은 '다름*Difference*'의 게임이다.

Better의 경쟁을 하려면 시쳇말로 '피똥'을 수십 번은 싸야 한다. 당신이 돈가스집 창업을 준비하고 있다고 치자. 만약 Better의 경쟁을 한다면 당신은 〈백종원의 골목집〉에 나왔던 그 유명한 돈가스 맛집을 맛으로 이겨야 한다. 피 말리는 한판 승부를 벌여야 한다. 승부는 결코 장담할 수 없다.

반대로 돈가스집을 준비하면서 '다름'으로 승부를 건다면 어떨까. 예컨대, 돈가스와 떡볶이 소스를 결합해 '빨강 돈가스'를 개발하는 식이다. 그렇다면 〈백종원의 골목집〉에 나왔던 그 돈가스집과 당당한 경쟁이 가능하다. 그 집보다 맛이 더 나을*Better* 필요도 없다. 그저 다른*Different* 맛으로 승부를 걸면 된다. 그리고 빨강 돈가스가 먹히면 그대는 빨강 돈가스의 더 원이 되는 것이다.

이어령은 말한다.

"왜 남과 똑같이 살아. 왜 남의 인생, 남의 생각을 따라가느냐고. 대담하게 내가 가고 싶은 길을 갈 것. 내가 쓰러져 죽더라도, 내가 원하는 삶을 살아볼 것."

그리고 이런 말을 남긴다.

"이걸, 늙어서 알게 되면 큰일 나. 시간은 되돌릴 수 없거든."

하루의 농밀함을 만드는 메멘토 모리

그가 일등의 도구 '다름'과 함께 또 하나 강조하는 것이 '메멘토 모리Memento Mori'의 힘이다. 뇌과학자 정재승 교수가 선택장애 '극복의 도구'로 메멘토 모리를 사용한다면, 지성 멘토 이어령 교수는 '열정의 도구'로 메멘토 모리를 활용한다.

여든이 넘은 그는 지금 대장암과 투병 중이다. 항암제를 복용하지도, 항암치료를 받지도 않는다. 그저 암을 곁에 두고 있다. 암세포가 몸속 어디까지 번져 있는지도 모른다. 그래서 그는 투병이라는 말 대신 '친병'이라는 말을 쓴다. 암과 싸우는 게 아니라 암과 친구로 대한다는 말이다. 당사자도 언론 인터뷰에서 "친병을 했더니, 이젠 암과도 상당히 친해진 것 같다"라고 말할 정도다.

그는 인생에서 확실히 정해진 것 중 하나가 죽음이라고 말한다. 어떤 인간도 죽음만은 피할 수 없다. 당장 내일 죽을 수도 있는 게 인간이라는 존재다. 그러니 내일 산다고 생각하지 말고 이 순간, 현실을 잡으라고 그는 조언한다. 영화 〈죽은 시인의 사회〉에서 웰튼 아카데미 출신 키팅 선생의 그 유명한 대사 '카르페 디엠Carpe Diem'과도 궤를 같이한다.

"모두 언젠가는 숨이 멎고, 차가워져서 죽게 되지 (…) 카르페 디엠. 현재를 즐겨라." _영화 〈죽은 시인의 사회〉에서

이어령은 사형수를 예로 든다. 마치 사형수가 하루를 살 때, 내일이 없다고 생각할 때, 그 하루의 농밀함을 생각해 보라고 말한다. 메멘토 모리를 생각하며 죽음을 떠올리고, 하루하루를 꽉 채워 열심히 살아야 잘 늙고, 잘 죽을 수 있다.

죽음을 떠올릴 때 오히려 삶이 농밀해진다는 것. 내일 죽을지도 모르니 당장 오늘 나에게 주어진 이 하루에 충실하자는 것. 그 하루에 열정을 바치자는 의미다.

연결의 지성, 디지로그

이어령의 지성은 결국 '연결의 지성'이다.

정해진 하나의 길, 베스트 원의 경쟁이 아니라, 다름의 경쟁 '더 원'이 되는 길은 확장적 사고를 통한 다름의 요소 간 연결이다. 메

멘토 모리 역시 죽음을 생각하며, 삶이라는 현실의 농밀함을 추구하는 죽음과 삶의 연결이다.

그는 강연과 방송에서도 연결에 대해 자주 언급한다.

"사람이 태어날 때는 엄마의 자궁 속에서 나거든. 자궁이 영어로 움*WOMB*이지. 그리고 죽으면 무덤으로 가잖아. 무덤은 영어로 툼*TOMB*이지. 인생은 아기집에 있다가 무덤으로 가는, 영어 알파벳 'W'에서 'T'로 연결돼 가는 과정인 셈이지."

이런 연결의 지성은 디지털과 아날로그의 결합인 '디지로그'라는 그의 연결적 사고로 이어진다.

이어령은 워드 프로세서로 집필을 시작한 대한민국 IT 문인 1호다. 지금도 서재 한편에 아이패드를 비롯해 각종 기기가 널려 있을 정도로 얼리 어댑터다. 후기 정보사회가 디지털과 아날로그의 연결로 이루어진다는 '디지로그 사회'가 될 것이라는 예언서 『디지로그』를 펴낸 것이 지금부터 무려 15년 전인 2006년이다.

"그땐 내 책을 보고 무슨 소리인지도 몰랐지. 세계적인 IT회사 아마존을 봐. 디지털 속에서 물건을 팔던 사람들이 어디로 나왔는지. 드론으로 물건 배달하고, 난리잖아. 결국 오프라인으로 나온 거지."

온오프의 연결, 그게 바로 후기 정보사회의 핵심이라고 그는 강조한다.

자율주행차도 자세히 보면 연결 지성의 결과물이다. 세계의 길거리를 모두 디지털 속에 집어넣어 만든 디지털 맵 구글어스와 아날로그식 운전의 연결인 것이다. 이 개념을 그는 무려 15년 전에 언급했던 것이다.

그는 여기에 한국적인 문화까지 연결해 놓는다.

부채 같은, 병풍 같은 자동차를 상상해 보는 것이다. 병풍처럼 자동차가 벌떡 서 버리는 형태다.

"자동차가 병풍처럼 서 버리면 주차 스페이스가 얼마나 줄어들겠어요. 기름때 묻은 자동차 바닥을 처리하는 방법도 있지. 거기에 얇은 디스플레이 판을 붙여서 광고판으로 쓰면 되거든. 벌떡 일어서는 차, 이걸 만들어야지."

연결에 연결. 그렇게 다름을 추구하는 연결. 그래서 더 원이 되는 방식.

어떤가. 그대는 베스트 원이 될 것인가, 더 원이 될 것인가. 멈출 것인가, 연결할 것인가.

이어령의 지성을 만나는 나들이

서울 종로구 평창30길 81. 묘한 문학관이 있다. 이름은 영인. 그러니깐 영인문학관이다. '영'과 '인'이라는 명칭은 이어령 교수와 부인 강인숙 영인문학관장의 이름에서 각각 한자씩을 따온 것이다. 문을 연것은 2001년. 그러니 20년 역사를 자랑하는 셈이다.

이어령 교수가 1972년 「문학사상」을 발간하면서 수집한 원고와 잡지표지에 실은 문인들의 초상화, 강 관장이 모은 문인·화가의 애장품들까지 한국 문학사의 귀한 자료 2만여 점이 보관돼 있다. 「문학사상」을 창간할 당시 화가들이 문인의 얼굴을 그려 표지에 싣기 시작했는데, 천경자가 그린 노천명, 오수환이 그린 윤동주 등 저명한 화가가 그린문인 100여 명의 얼굴도 전시돼 있다.

이 교수는 이곳 자체가 디지로그 문학관이라고 말한다. 얼리 어댑터인 '영'은 디지털, 컴퓨터도 못하고 새것도 싫어하는 '인'은 아날로그이니 영인문학관 자체가 '디지로그'라는 설명이다.

그가 생각하는 문학관상도 있다. '외로운 방에서 광장으로 나오는 창작 과정 전체를 보여주는' 것이다.

그래서 그는 해외 유수 작가의 생가나 문학관처럼 자기가 죽고 나면 문학관 2층 자신의 서재를 그대로 보여 준다는 계획을 세워 놓고 있다. 현재 그의 서재에는 책상을 둘러싸고 일곱 대의 컴퓨터가 놓여 있다. 얼리 어댑터답게 태블릿 PC도 여러 대 있고, 각종 녹음과 영상 장비까지 갖추고 있다. 집필 과정에서의 사고 흐름을 연결해 볼 수 있도록 1차부터 4차까지 원고 수정본도 줄 맞춰 전시돼 있다.

'나는 여기서 죽을 생각'이라고 말하는 이어령. 여기서 살다가 여기서 세상을 떠난 '이 아무개'가 마지막으로 글 쓰던 순간의 서재를 보여주는 게 남은 그의 꿈이다.

나에 대한 확신, 존버 정신을 갖춰라

소설가

이외수

소설가 이외수는 '존버 정신' 창시자다. 유튜브에 '존버 TV'까지 만들어 존버 정신을 설파한다. 혜민 스님과의 유명한 일화가 있다. "요즘 힘들게 살고 있는 젊은이들에게 해 주고 싶은 이야기가 있으신지요?" 혜민이 묻는다. 이외수가 답한다. "존버 정신을 잊지 않으면 됩니다." 혜민이 다시 묻는다. "존버 정신이 뭐지요?" 이외수가 웃으며 말한다. "존나게 버티라는 말입니다." 위암을 극복한 그는 오늘도 존버하며 세상을 살고 있다.

"어떤 분야에서 성공을 거뒀든, 어떤 교양과 인격을 갖추었든, 당신

에게는 반드시 적이 생길 것이다. (…) 하지만 그것들을 퇴치하거나 멸종시킬 방법은 없다. 어쩔 수가 없이 공존해야 한다. (…) 그러려니 하다 보면 언젠가는 어여한 경지를 깨닫게 된다."

_이외수,「불현듯 살아야겠다고 중얼거렸다」

그가 그렇게 강조하는 존버의 경지다.

하나의 꿈에 존버하라

꿈도 '존버'하라. 존버 정신의 제1계명이다. 이외수는 연령대별로 꿈을 구분한다.

10대 - 다몽기(多夢期) : 수많은 꿈을 꾸는 시기

20대 - 선몽기(選夢期) : 10대의 꿈 중 하나를 선택하는 시기

30대 - 연마기(練磨期) : 그 꿈을 연마하는 시기

40대 - 용비기(龍飛期) : 꿈을 이루어서 용처럼 도약하는 시기

50대 - 풍류기(風流期) : 남은 인생을 즐기는 시기

_「혹시 방황하고 있을 20대 청춘들에게」

10대는 다몽기다. 접하는 족족 꿈이 된다. 축구 경기를 보다가 손

홍민 선수가 멋지다면 축구선수, 그러다가 골프에서 타이거 우즈가 우승컵을 안으면 갑자기 골퍼가 되겠다고 한다. 어제 축구선수를 꿈꿨던 아이가, 내일은 골프선수로 바뀐다. 그야말로 많은 꿈을 꾸는 다몽기다.

20대는 선몽기다. 10대에 꿨던 수많은 꿈 중 하나를 선택해야 하는 시기다. 내가 평생을 바쳐도 아깝지 않을 꿈, 온 인생을 탈탈 털어 넣어도 아깝지 않을 꿈, 이것 하나를 찾아내야 한다. 그것이 20대다. 30대는 20대 선택한 꿈을 연마하는 시기다. 40대는 그 꿈을 이루고 실력을 펼쳐 용처럼 도약하라는 의미의 용비기로 접어든다. 50대 이후의 삶은 풍류기 또는 소요기라고 설명한다. 글자 그대로 흥얼흥얼 노래하며 인생을 즐기고 산책하는 시기라는 의미다.

'꿈을 존버하라'는 존버 정신에서 핵심이 되는 시기는 20대다. 이때 정한 꿈 하나를 평생 존버하며 밀고 가야 한다. 이렇게 꿈의 시기를 분류하고 나면 인생을 크고 깊게 생각할 수 있다고 이외수는 강조한다. 꿈을 이루겠다고 초등학교 때부터 10개가 넘는 학원 셔틀을 하며 미친 듯이 서두를 필요가 없다는 의미다. 중요한 건 딱 한 가지다. 평생 존버할, 단 하나의 꿈을 찾으라는 것.

이타적 존버가 핵심이다

"존나게 버티라."

이외수의 존버 정신은 누구나 알고 있는 존버 정신과는 다르다. 비트코인 투자 붐을 통해 우리에게 알려진 '존버(가격이 하락해도 몇 개월, 몇 년 존나게 버티면 상승이 온다는 정신)' 정신은 이기심에서 출발한다. 자기가 잘되기 위해 버틴다는 뜻이다. 주식시장에서 보유한 종목이 빠져 물타기를 할 때도, 비트코인에 투자했다 급락한 뒤 뼈를 깎는 존버에 돌입하는 것도, 모두 자신이 잘되기 위해서다. 팍팍한 인생 버티기에 들어가는 것도, 먹고 살길이 막막해도 기어이 살아가야 하는 것도, 결국은 자신을 위한 '존버'일 수밖에 없다.

하지만 이외수 존버 정신의 근간은 이타심이다. 굳이 수식어를 붙인다면 '이타적 존버'다. 그는 대한민국 역사에서 존버 정신의 뿌리를 찾는다.

- 존버 정신의 역사적 근원 = 근대사에서 차지하는 지정학적 위치. 외세 침략에도 굳건히 버틴 존버의 역사.
- 존버 정신의 정신적 근원 = 장인정신(홍익인간).

외국인들은 다 아는데, 한국인들은 절대 모르는 특징이 존버라고 그는 설명한다. 중국과 일본, 러시아와 미국 등 열강에 둘러싸였던 역사를 보라. 군사적·문화적·경제적으로 막강한 대국들 사이에서 놀랍게도 현재까지 점령당하지 않고 존버한 건 민족의 경이적인 존버 근성 덕분이라는 것이다. 남과 북이 둘로 갈라졌을 뿐, 대한민국은 그렇게 존버하고 지금까지 살아오고 있다.

이 존버 정신의 뿌리는 뭘까. 흔히 말하는 양반 정신이나 선비 정신은 절대 아니다. 이 둘은 대표적인 이기적 존버 정신이다. 이외수가 생각하는 양반은 '어험' 하고 늘 허세만 부리는, 노동력을 착취하고 약자에겐 더없이 잔인한 삶을 산 무리일 뿐이다. 선비라는 자들도 역시 마찬가지다. SNS를 통해 부정부패를 질타하고 고위직 병폐를 외칠 때, 선비 정신의 이름으로 함께 공감해 준 이들이 아무도 없었다고 이외수는 말한다. 오히려 소설가는 소설만 쓰라며 겁박한 지식인만 존재했다.

존버 정신의 뿌리는 다름 아닌 '장인 정신'이다. 그는 잘라 말한다. 오늘날 질곡의 역사를 존버하게 만든 대한민국의 정신은 장인 정신이라고.

"진정한 장인은 자기 물건은 대충 만듭니다. 하지만 남이 쓸 물건은 밤을 새워 가면서 미친 듯이 정성을 들여 만들지요. 이게 오늘날의 대한민국을 만든 정신입니다."

장인 정신은 대한민국 건국이념, 널리 인간을 이롭게 한다는 홍익인간의 정신과도 맥이 닿아 있다. 자신의 안위는 안중에 없고 우선순위를 타인에게 두는 '이타적 존버 정신' 역시 궤를 같이 한다.

국제기능올림픽에서 19연패 신화를 쌓은 것도, 5G 첨단 IT 분야에서 세계적인 기술력을 갖춘 것도, '자기 건 대충, 남의 건 정성껏'을 추구하는 장인 정신에서 나왔다는 것이 이외수의 지론이다.

세계를 강타한 K팝, K컬처의 주류인 한류의 예술 정신 역시 이타적 존버 정신에 뿌리를 둔다. 아이돌 멤버들은 남을 즐겁게 하기 위해 피땀 흘려 반복 훈련을 한다. 게으름을 참고 춤과 노래를 반복한 뒤 세계무대를 향해 자신을 내던진다. 대한민국을 만든, 이타적 존버의 경지다.

그대, 버티고 있는가. 그렇다면 한번 곰곰이 생각해 보라. 그것이 자신을 위한 것인지, 타인을 위한 것인지.

지렁이 처세법을 배워라

"너, 위대한 대지의 창조자여."

철학자 아리스토텔레스가 남긴 시 한 줄이다. 이외수는 강연 때마다 이 시 한 줄을 인용한다. 아리스토텔레스가 말한, 위대한 대지의 창조자는 바로 '지렁이'다.

이 세상을 존버하기 위해 이외수가 강조하는 삶의 도구는 '지렁이 처세법'이다.

지렁이 처세법 3계명

1. 묵묵히, 존버한다.

2. 남을 해하지 않고, 존버한다.

3. 오직 남을 위해 살며, 존버한다.

지렁이 처세법 첫 번째 계명은 '묵묵히, 존버'다. 지렁이는 말이 없다. 그저 꿈틀대고 버틴다. 어느 비 오는 날, 바닥을 기어가는 지렁이를 보고 이외수는 무릎을 탁 친다. '이건, 내 신세다.' 모양새가 약간 기괴하다는 이유만으로 미움을 받을 뿐, 실제로는 전혀 해가 없는 생명체다. 묵묵히, 그저 기어간다. 인생도 그런 것. 그저 묵묵히 버텨 가는 것이다.

두 번째 계명은 '남을 해하지 않고, 존버'다. 지구상의 모든 생명체는 삶을 존버하기 위해 생명 보호를 위한 무기를 하나씩 지니고 있다. 독침일 수도, 발톱일 수도, 이빨일 수도 있다. 반면 유일하게 지렁이는 없다.

마지막으로 남을 위해 살며, 존버할 것. 세 번째 처세술이다. 아리스토텔레스가 위대한 대지의 창조자라고 언급한 것도 세 번째 계명에서 통찰을 얻은 것이다. 지렁이는 오직 남을 위해 산다. 먹으면 영양분만 빼놓고 배설하는 일반 생명체와는 차원이 다르다. 지렁이가 먹고 토해 내는 흙은 전부 옥토가 된다. 약 1만 평 정도 되는 땅에 지렁이 2만 마리만 뿌려 놓으면 자동 토양 정화 작용을 거쳐, 그

땅은 최적의 건강 상태를 유지한다. 선진국에서 대규모 영농을 위해 토양 검사를 할 때 지렁이를 투입해 습도와 온도를 맞추는 것도 이런 이유에서다.

지렁이는 누구에게나 먹잇감이 된다. 하늘의 새, 물속의 물고기, 심지어 땅에 사는 인간도 지렁이를 먹는다. 먹혀도 묵묵히, 상대를 해하지 않고, 그럼에도 상대를 위해 살며, 조용히 호소할 뿐이다.

"제발, 저를 다 먹지 마세요."

왜? 몸통의 일부만 남아도, 그 일부는 다시 완벽한 개체의 지렁이가 되기 때문이다. 진정한 존버의 경지다.

그대, 오늘부터 지렁이를 함부로 대하지 마시라. 밟으면 꿈틀댈 뿐 아니라, 존버의 통찰까지 전해 주는 게 다름 아닌 지렁이니까.

DMZ *DeMilitarized Zone*

"포기하지 말라. 절망의 이빨에 심장을 물어 뜯겨 본 자만이 희망을 사냥할 자격이 있다."

_이외수, 『하악하악』

실제 교도소의 문을 떼어다 만든 녹슨 철문 위에 비뚤비뚤 캘리그라피로 한 글자 한 글자 눌러 쓴 문구다. 강원도 화천. 이외수의 소설 제목을 따 '감성마을'이라 불리는 곳에 가면 이외수 문학관이 있다. 문학관 한복판에 유리벽으로 이 철문을 보관하고 있다.

지금은 졸혼한 당시 그의 아내가 어느 날 시장에 갔다가 직접 교도소 문을 구해 왔다. 집필실 문을 그 문으로 바꾼 뒤, 그 속에서 『벽오금학도』라는 베스트셀러 작품을 만들어 냈다. 절망의 이빨에 심장을 물어 뜯겨 본 이외수가 '포기하지 않는 수감자의 심장'으로 존버 집필 활동을 하던 당시의 절박함이 고스란히 느껴진다.

이외수의 존버 통찰을 실제 느껴 볼 수 있는 공간이 이외수 문학관이다.

물의 도시 강원도 화천의 관광 인프라로, 테마는 '감성'을 표방한다. 지난 2019년 강원도 DMZ 여행의 달 스탬프 투어 미션 장소이기도 한 이곳은, 작가 집필실과 문학관을 비롯해 화천한옥학교 구성원들의 정성으로 지어진 모월당과, 오감 체험장, 감성 산책로, 벌떡교, 생태 주차장 등으로 구성돼 있다. 건축가 조병수의 설계로 완성된 문학관 중정무대에서는 이외수 작가의 작품 낭송 공연이 수시로 열린다. 작가의 시에 곡을 붙인 노래를 인디밴드 가수들이 직접 공연하는 감성 콘서트도 열린다. 공연과 입장료 일체 무료.

이외수가 굳이 DMZ와 지척인 이곳에 문학관을 지은 이유가 있다. 그가 '통일 대한민국'에서 지속 가능한 '존버 핫스폿'으로 찍은 곳이 다름 아닌 DMZ여서다. 그는 통일 한반도 내에 유일하게 인간의 손이 닿지 않은 이 청정 공간을 남북 예술 교류의 터로 삼기를 바란다. 영원한 평화, 즉 '존버 평화'를 위해 그가 이곳에 심고자 하는 표본은 네덜란드의 어린이 시장이다. 자본의 더러움과 무서움을 전혀 겪지 않은 순수한 남과 북 어린이들이 예술 작품을 서로 교류하는 어린이 시장, 어린이 장터가 되기를 꿈꾼다. 전 세계 하나뿐인, 지속 가능한, 이외수식으로 말하자면 '존버 핫스폿' 어린이 시장의 터로 말이다.

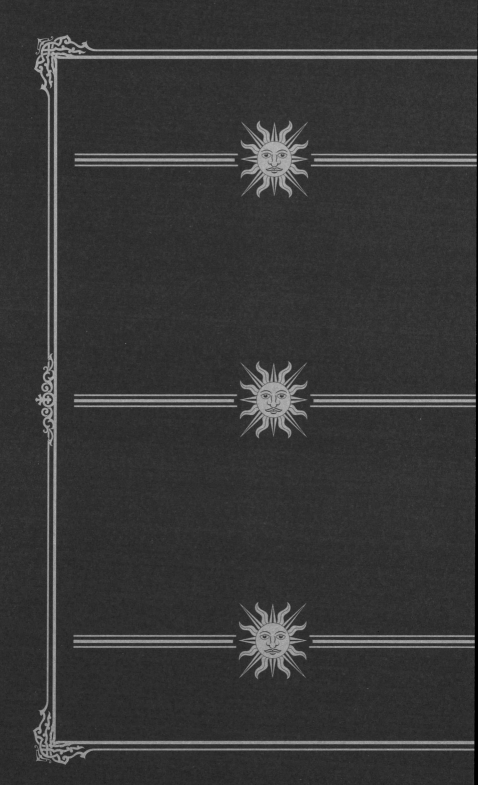

3장

The Hidden Tools

해내는 사람은
자신만의 생존법이 있다

몸값을 높이는 기술

_____ 강사 _____

김미경

'한우물만 파라.' 자기계발서에 자주 등장하는 성공 원칙이다. 여기, 정확히 이 원칙과 반대되는 멀티 플레이어를 요구하는 인생 멘토가 있다. '국민 언니'로 통하는 그녀 김미경이다. 그녀의 24시간은 보통 사람들과 순도가 다르다. 밀도만 따지면 3배쯤 된다. 이른바 김미경식 시간 활용법에서 나온 다동력多動力이다.

몸값을 높이는 비밀도 여기에 있다. 시간의 밀도, 즉 '능력 변수'를 높이면 몸값도 정비례해 껑충 뛴다고 그는 말한다. 독자들이여, 몸값을 높이고 싶은가. 그렇다면 능력 변수를 극강으로 끌어올려라.

김미경은 『언니의 독설』이라는 책을 통해 능력 변수의 공식을 소개한다.

성실성 × 탁월함

이 등식에서 능력 변수는 몸값을 결정하는 핵심 키다. 이 변수를 결정하는 두 가지 요소는 성실성과 탁월함이다. 시간의 밀도와 직결되는 요소가 성실함이다. 탁월함은 일의 핵심을 꿰뚫어보는 자신의 능력을 말한다. 중요한 것은 이 두 요소가 곱셈의 관계라는 것이다.

김미경은 말한다. 열심이 뛰어 성실함의 요소가 3배 늘었다고 치자. 여기에 일에 대한 탁월함까지 3배로 늘었다면 3×3=9 즉, 지금보다 능력(능력 변수)이 9배 이상 향상됐음을 의미한다. 몸값을 측정하는 객관적인 수치가 9배 이상 뛰었다는 뜻이다.

당신이 만약 성실함과 탁월함을 각각 3배씩 끌어올리는 데 성공했다면, 그 능력 변수로 당신이 받게 될 연봉은 지금 받고 있는 연봉의 9배가 된다.

이 공식만 알면 앞으로의 행동 방향과 전략을 구체적으로 세울 수 있다. 옆자리 김 대리보다 당신이 연봉을 4배 이상 받고 싶다고? 간단하다. 김 대리보다 4배 열심히 일하면 된다. 만약 4배 열심히 일하는 게 버겁다면 '열심히'의 요소는 2배로 줄이고, 대신 탁월함의 요소를 2배 더 키우면 된다.

시간의 가치를 측정하라

일단 공식을 외웠으니, 이제 하나하나 이 두 가지 요소를 자세히 분석해 보자.

우선 첫 번째 요소인 성실함. '열심'으로 대별되는 이 성실함의 요소는 시간과 직결된다. 시간은 누구에게나 공평하게 주어진다. 1년 열두 달, 일로 따지면 365일, 다시 하루로 나누면 24시간씩이 주어진다. 김미경은 이를 '시간 박스'라고 설명한다. 1년에 한 박스씩 시간 박스를 받는다고 가정하면, 50세는 50개의 시간 박스, 25살 청춘은 현재까지 25개의 시간 박스를 공평하게 나눠 받은 셈이다. 이 시간 박스를 어떻게 쓰느냐, 그게 성실함의 요소가 된다.

그래서 먼저 해야 할 일은 자신의 시간 가치를 정확히 측정해야 한다. 월급이 300만 원인 사람에게 하루의 시간 가치는 30일로 나눈, 10만 원이다. 이 하루 가치를 100만 원으로 끌어올린다면 자연스럽게 월급은 3천만 원으로 뛴다.

김미경이 20대 초반 첫 직장에서 받았던 첫 월급은 24만 원이었다고 한다. 하루 가치가 7천 원 정도였던 셈이다. 이후 스물아홉 살에 첫 강연에서 받은 강사료는 2만 4천 원. 그리고 19년간 최고의 강사가 되기 위해 성실함과 탁월함의 요소를 끌어올렸더니 하루 가치가 270만 원까지 뛰어오른다. 25년 만에 400배의 능력 변수 성장이 이뤄졌다는 계산이다.

시간 가치를 높이는 가장 쉬운 방법이 '다동력'이다. 한방에 여러 일을 동시에 하면 된다.

김미경은 한 번에 두 가지 일을 하는 '원 플러스 원(1+1)'도 모자라 '3 in 1(쓰리 인 원)'을 강조한다. 한 번에 세 가지를 동시에 한다는 의미다. 그의 찜질방 활용법을 살짝 엿보자. 찜질하는 시간도 아까워 책과 함께 강의안을 들고 들어간다. 어느 날 보니, 뜨거운 수증기에 풀이 녹아서 책장이 떨어져 나가 짜증이 나자 읽을 자료를 프린터로 출력한 뒤 삼공펀치로 뚫어 파일에 끼워 들고 갔다고 한다. 한 손에는 볼펜과 포스트잇을 당연한 듯 들고. 땀 빼면서 자료까지 머리에 넣고 나오니 찜질방에 오래 있어 좋고, 강연 준비가 절로 되니 좋다고 한다.

시간을 악착같이 아끼려는 이런 노력은 탁월함으로 자연스럽게 이어진다. 예전에 책 한 권 읽는 데 4~5시간이 걸렸다던 그는 요즘은 한 시간 안에 끊는다고 한다. 나에게 필요한 핵심 부분을 찾아 거기서 강의 자료를 쏙쏙 빼 발췌하니 효율성이 절로 높아지는 것이다.

이 글을 쓰는 필자 역시 마찬가지다. 예전에 원고지 10매짜리 기사를 쓰는 데 1시간 이상 걸리던 것이 요즘은 30분이면 뚝딱이다.

데스킹(다른 기자의 기사를 다듬는 일)을 볼 때도 20~30분씩 걸리던 것이 지금은 1~2분이면 끝이 난다. 척 보면 안다. 이 글이 잘된 글인지 아닌지.

김미경은 이 지점에서 나태함(게으름)에 일침을 가한다. 부동산, 주식 같은 재테크보다 더 급한 일이 자신의 능력 변수에 대한 투자라고 조언한다. 마이너스 통장(시간의 마이너스 통장)을 갚아 나가듯이 능력 변수를 끌어올리라고 독설한다.

"너의 시간통장에는 얼마가 남았니? 지난 10년간 정신 못 차리고 살았다면 네 잔액(시간 가치 잔액)은 마이너스야. 성장은 못한 채 나이만 들었으니깐." _김미경, 『언니의 독설』

어떤가. 그대는 성실함과 탁월함 두 요소를 더하고 있는가, 곱하고 있는가, 아니면 까먹고 있는가.

탁월함을 확장하라

업무에 도가 트는 탁월함의 다음 단계는 '탁월함의 확장'이다. 자신의 능력 변수를 끌어올린 탁월함의 비결은 타인의 탁월함을 끌어올리는 '타인 능력 변수' 확장에도 요긴하게 쓰인다. 이런 가치를 남에게 줄 수 있는 단계가 탁월함의 확장 단계다.

인생 멘토들은 탁월함의 확장 단계로 도약할 것을 한결같이 강조한다. 타인에게 '타인이 필요로 하는 가치'를 줄 수 있다면 수입을 끌어내는 부富 파이프라인 하나가 더 추가될 수 있다. 자신의 능력 변수를 끌어들이는 탁월함 단계는 '수직적 소득'만 끌어올리는 과정이다. 반대로 타인에게 가치를 줄 수 있는 탁월함의 확장 단계로 접어들면 '수평적 소득'으로의 확장이 가능하다.

부가 쌓이는 소득 패턴

- 수직적 소득 : 개인 몸값의 수직적 향상 = 노동적 소득 = 직급에 따른 연봉 상승의 체계
- 수평적 소득 : 부의 파이프라인 = 소극적 소득*passive income* = 인세(책 출간 등) + 유튜브·블로그·포스트 운영 수입 + 오프라인·온라인 강연 + 월세(부동산)

소득을 수직적·수평적 축으로 나눈 이는 『인생에 승부를 걸 시간*Wealth Can't Wait*』이라는 책을 쓴 데이비드 오스본이다. 그는 소득의 성격을 살펴보라고 강조한다. 수직적 소득은 기술이나 일을 배워서 시장에 진출하여 얻는 수입이다. 회사에 다니면서 연봉을 받는 사람, 경력이 쌓이고 일의 숙련도가 높아지면 수입도 수직적 소

득으로 분류된다.

수평적 소득은 투자에서 발생하는 소득이다. 사람들 대부분은 수직적 소득만 가진다. 수직적 소득에서 생활비를 빼고 남는 금액이 수평적 소득을 늘리는 데 투자할 수 있는 금액이 된다.

김미경이 강조한 능력 변수는 수직적 소득과 관련이 있다. 능력 변수를 좌우하는 두 요소는 시간과 탁월함이다. 이 두 가지는 '곱셈'의 관계다. 시간의 효율성을 극대화하든가, 아니면 탁월함의 효율성을 극강까지 끌어올려야 몸값을 늘릴 수 있다. 수직적 소득은 누구에게나 공평하게 주어지는 자신의 시간과 노동의 대가를 바꾸는 과정에서 생긴다. 결국 시간을 투자할 수밖에 없다.

반대로 '탁월함의 확장 단계'는 수평적 소득과 직결된다. 쉽게 말해 자신의 노동력을 들이지 않고 돈을 버는, 적극적 소득이 아닌 소극적 소득*passive income*을 늘리는 과정이다. 『가장 빨리 부자 되는 법 *The 10 Pillars of Wealth*』이라는 저서를 쓴 알렉스 베커 등 현대판 재테크 전문가들이 강조하는 '자신의 시간과 소득을 분리하는 단계'인 것이다.

탁월함의 확장으로 타인에게 가치를 제공하는 일은 다양한 수입 파이프라인으로 나뉜다. 책을 통해 가치를 전할 수 있다면 인세라는 소극적 소득을 벌어들일 수 있다. 유튜브나 블로그, SNS로 타인이 가치를 배울 수 있다면 그 플랫폼의 광고 수입이 자동으로 나온다. 강연장에서 강연을 통해 이 가치를 전해 줄 수도 있다.

어떤가. 그대는 그저 탁월함의 단계에 머무르고 있는가, 아니면 '탁월함의 확장'까지 나아가고 있는가. 시간을 투자한 만큼 소득이 늘어가는 수직적 소득의 단계에 그쳤는가, 아니면 시간을 투자하지 않고도 돈이 들어오는 수평적 소득의 경지에 이르렀는가.

최고의 선물은 여행

김미경은 기꺼이 수고한 당신에게 줄 수 있는 최고의 선물로 여행을 꼽는다. 목표 달성의 최고 동력도 이런 자신에게 하는 보상이다. 김미경은 말한다. 자신에게 보상을 주는 일도 준비가 필요하다고. 최고의 보상이 되는 여행도 마찬가지다. 그냥 하늘에서 뚝 하고 떨어지는 게 아니다. 여행 보상 시스템을 만들라는 주문이다. 돈을 꿔서 여행을 갈 수는 없다. 여행 경비 마련을 위한 시스템은 '자동화'다. 월급의 10%이거나 한 달에 10만 원씩, 딱 정해 놓고 아예 월급이 꽂히면 자동으로 빠져나가서 적립이 되는 시스템을 만드는 게 최우선이다.

여기에 또 중요한 게 리처드 탈러가 말한 '심리 계좌' 마인드다. 탈러는 다양한 타이틀의 계좌를 만들어 두라고 강조한다. 비상금 계좌, 재미 계좌, 학비 계좌 이런 식으로 심리에 압박이 되도록 구분을 해 두고 그 목적으로만 사용하라고 조언한다. 여행 계좌는 '재미 계좌'의

범주에 포함시켜 두면 된다. 이 계좌는 재미를 위한 일에만 사용한다고 스스로 '심리 계좌'를 딱 부여해 두는 식이다.

여행 자금 마련이 끝났다면 실행만 남았다. 아래는 『언니의 독설』에 나온 '김미경식 여행법' 5계명이다.

1. 가방을 최소화해

필요한 건 최소한으로 줄여라. 신발도, 티셔츠도 현지에 가서 쇼핑해라. 추억을 간직한 전리품이 된다. 여행에서 돌아온 뒤, 짐을 풀면 하나하나에 스토리가 묻어 있음을 몸소 느끼게 된다. 평생 이야깃거리가 여행에서 돌아온 뒤 쌓인다.

2. 먹을 것 좀 싸가지 마

싸가지고 간 음식 다 먹고 오는 꼴을 못 봤다고 한다. 강릉 가면 순두부, 속초에 가면 오징어순대 먹듯, 해외 나가서도 지역 특이한 음식들을 두루 섭취하라.

3. 다이어리를 적어라

일종의 여행일기다. 해외에는 역마다 기념 스탬프가 있다. 이것도 찍어 보고 현지 엽서도 끼워 넣어 보고, 느낌도 적어 두시라. 돌아온 뒤 잊을 만하면 꺼내 보시라. 심장이 다시 뛰니까.

4. 남편 선물 꼭 사라

이것 빼먹으면 절대 안 된다. 남편 선물. 그래야 또 보내 준다. 이왕이면 가장 비싼 걸로 사라. 남자들은 아내 선물 잊지 마시라.

5. 지름신을 경계하라

여행 다녀온 뒤, 카드값 후회하는 것만큼 어리석은 것 없다. 자제해 가며 써라. 그래야 돌아오는 비행기에서 다음 여행갈 곳 계획을 잡는다.

부의 공식 '곱셈의 법칙'을 배워라

기업인

김승호

극단적으로 생각해 보자. 당신 앞에 두 가지가 있다. 돈 그리고 행복. 어떤가. 당신은 어떤 것을 선택하겠는가.

솔직하게 따져 보자. 행복, 재미, 힐링. 이런 삶의 궁극적인 가치들도 중요하다. 하지만 보통 사람이라면 부나 돈 같은 실질적이면서 수단적인 가치에 먼저 눈이 돌아간다.

'사장을 가르치는 사장'이라는 수식어를 달고 있는 스노우폭스의 김승호 회장은 한 강연에서 이렇게 말한 적이 있다.

"돈을 많이 번다고 반드시 행복하지는 않다. 비유를 하자면 기름진 밭(돈)에 뿌려진 씨앗(행복) 같다."

여기서 기름진 밭은 돈이다. 뿌려지는 씨앗은 행복이다. 100개의 씨앗(행복)을 밭에다 뿌린다고 가정해 보자. 잘 가꾸어지고 기름진 밭에 100개의 씨앗을 뿌렸다 치면, 굉장히 많은 씨앗이 나올 게다. 반대로 척박한 밭에 씨앗을 뿌렸다면 1~2개 정도 겨우 싹이 틀 수 있다. 돈과 행복의 관계는 이런 역학이 작용한다. 밭은 넓을수록(부의 양이 많으면) 좋다. 하지만 무작정 밭이 크다고(돈이 많다고) 좋은 것만은 아니다.

김 회장은 돈에 대한 오해를 강조한다. ▲돈을 버는 능력 ▲돈을 모으는 능력 ▲돈을 쓰는 능력 ▲돈을 불리는 능력 ▲돈을 유지하는 능력까지 다섯 가지 능력은 각기 다른 능력이라는 걸 보통 사람들은 모른다. 모두 하나라고 오해한다는 것이다. '돈만 많이 벌면 되는 구나' 생각하는 사람들은 돈을 쓰는 능력, 돈을 불리는 능력, 돈을 유지하는 능력이 현저하게 떨어질 수 있다. 이른바 '부자 거지'들이다.

그래도 돈이 많으면, 행복을 유지하는 데 일단 비교우위를 점할 수 있다. 걱정 어린 주변을 한번 떠올려 보라. 가족관계? 취직? 은퇴? 아니면 여러 다른 고민들? 1분만 생각해 봐도 이들 중 상당 부분은 돈이 해결한다는 것을 바로 알게 된다.

'밭이 기름지다'는 것은 돈을 잘 가꾸고 있다는 뜻이다. 김승호 회장은 말한다. 돈을 잘 가꾸려면 돈의 속성을 알아야 한다고.

그대, 돈을 벌고 싶은가. 그렇다면 돈의 속성 다섯 가지를 먼저 외워 두시라.

돈의 속성 1 | 돈은 중력과 같다

그가 강조하는 첫 번째 돈의 속성은 '돈은 중력과 같다'는 것이다. 물리학에서의 중력은 무게가 무거울수록 주변의 다른 것을 끌어당기는 힘이다. 태양과 지구 사이에도, 지구와 달 사이에도 중력이 작용하고 있다.

돈의 속성도 이런 식이다. 돈은 많으면 많을수록 다른 돈을 끌어당긴다. 돈의 무게감이 크면 클수록 다른 돈을 끌어당기는 힘도 커진다.

김승호 회장은 10억 원 모으기를 예로 든다. 단계별로 1억 원씩 10번을 쌓아 10억 원을 만드는 프로젝트라고 하자. 열심히 일하고 뛰어서 1억 원을 모은다. 이때 들어간 '노력의 총합'을 100이라고 보자. 그렇다면 누구나 10억 원을 모으는 데 노력의 총합이 '1000(1억 원 = 노력의 총합 100×10)'이라고 생각한다.

하지만 돈은 그렇지 않다. 돈에는 중력이 작용한다. 1억 원 모을 때 100의 노력이 투입됐다면, 두 번째 1억 원을 모을 때는 100이 아니라 90의 노력이 들어간다. 그다음 1억 원은 80, 그다음은 70, 이렇게 줄어드는 것이다. 중력이 작용해서 주변 돈을 끌어당기니, 마지막 10억이 되는 1억은 10의 노력도 안 들어갈 수 있다. 이게 돈이 가지는 중력의 힘이다.

그는 돈에 중력이 작용하는 느낌을 '제곱'으로 표현한다. 1, 2, 3, 4…… 10 이렇게 덧셈의 방식으로 쌓이는 느낌이 아니라 1, 2, 4, 8

같이 곱셈의 작용력으로 돈이 불어난다고 한다.

'돈 = 중력'의 통찰은 재테크 고수들이 강조하는 곱셈 투자 방식과도 일맥상통한다. 보통 1억 원 이전까지는 돈을 덧셈 방식으로 모아야 한다. 먹을 거 덜 먹고, 쓸 거 덜 써가며, 덧셈 방식으로 모으는 게 1억 원까지의 재테크, 즉 저축이나 적금의 단계다. 그 이상의 단계에서는 덧셈 방식으로 돈을 불리는 건 바로 한계에 직면한다. 이후의 방식은 곱셈으로 늘어나야 한다. 곱셈 방식은 바로 '투자'다. 주식이나 부동산과 함께 시스템을 기반으로 한 사업도 곱셈 재테크 단계에 속한다.

세계적으로 1천 개가 넘는 매장을 보유한 김 회장은 처음 매장 하나를 열고 100개, 200개가 되기까지는 몇 년이 걸렸다고 회상한다. 하지만 그다음 100개, 200개는 언제 늘었는지도 모르게 순식간에, 기하급수적으로 불었다고 한다. 돈이 가지는 중력의 힘이다.

돈의 속성 2 | 돈은 인격체다

돈은 인격체다. 이 속성을 머릿속에 박아 두고 '인격체'로 돈을 대하라고 그는 강조한다. 인격체라는 것은 스스로 존재하고 생각하고 개별적 실체를 가지는 것이다.

돈을 인격체로 받아들이는 순간, 돈을 보는 시각이 360도 바뀐다. '큰돈 = 어른', '작은 돈 = 아이'라고 간단히 생각해 보면 된다. 인격체가 감정을 가지듯이 돈에도 감정이 있다. 인간들처럼 자기(돈)가 좋아하는 게 있고, 싫어하는 것도 있을 것이고, 헤어지는 것을 싫어하면서 함께 모여 있는 것을 좋아할 것이다. 무리짓기 본능을 가진 인간처럼 몰려다니는 속성도 있다.

이렇게 생각하고 나면 작은 돈(아이)도 함부로 대하면 안 된다. 김 회장은 "어린아이(작은 돈)를 함부로 대하고 나면, 그 어머니(큰돈)가 우리 가게에 올까요?"라고 되묻는다. 당연히 오지 않는다. 오히려 아이를 괴롭혔으니 싸울 테고, 주변 다른 돈들에게도 '이 가게는 안 되겠다'며 안 좋은 소문을 내 버릴 것이다. '푼돈을 함부로 대하면 큰돈을 모을 수 없다'는 재테크의 기본 원칙도 돈을 인격체로 대하는 순간, 바로 가슴에 와 닿게 된다.

돈에 감정이 있으니 계획 없이 막 써도 되는 것은 아니다. 쓸데없는 데다 모은 돈을 탕진한다든지, 이유 없이 사치를 부리면 돈은 어떤 생각을 할까. '이 사람은 나를 이렇게 막 대하는군' 하며 당신을 떠나게 된다. 사랑과 봉사를 위해 제대로, 쓸 곳에 큰돈을 쓰면 돈은 '아, 다음에도 좋은 일에 쓰이고 싶다'라며 반드시 돌아온다. 돈이 감정을 가진 인격체라는 속성을 모르면 부를 축적할 수 없다고 그는 단언한다.

『부자들은 왜 장지갑을 쓸까稼ぐ人はなぜ, 長財布を使うのか』라는 책을 쓴 일본의 세무사 카메다 준이치로 역시 이 책을 통해 돈에 대한 예의를 갖추면 돈이 모인다고 말한다. 부자들이 장지갑을 쓰는 이유는 '(돈을) 사람을 대하듯 깨끗하고 편안한 상태로 대하는 배려'라

고 귀띔한다. 접는 지갑이나 머니클립에 접어서 돈을 보관하는 것은 '돈을 (인격체가 아닌) 종이라고 생각하고 접어서 보관하는 행위'인 것이다.

심지어 카메다는 지갑의 가격으로 연봉이 결정된다는 이론 '연봉 200배의 법칙'을 소개한다. 20만 원짜리 지갑을 쓰는 사람은 연봉이 4천만 원이고, 50만 원짜리 지갑을 쓰는 사람은 1억 원의 연봉을 받게 된다고 단언한다.

카메다는 "돈이 가장 오래 머무르는 곳은 은행 계좌가 아닌 지갑이고, 돈에 있어 집과 같은 지갑을 체크하는 것만으로도 돈의 행방을 파악할 수 있다"라고 말한다. 돈을 연인처럼 깨끗하고 편안한 상태로 대할 것. 이것이 돈이 모이는 비결이다.

돈의 속성 3 | 일정하게 들어오는 돈의 힘

김승호 회장이 강조하는 세 번째 '돈의 속성'은 현금 흐름*Cash Flow*이다. 현금 흐름은 부의 멘토들이 한결같이 강조하는 개념이다. 당신이 쓰는 총비용[고정비용(고정적으로 쓰는 비용)+유동 비용(외식, 축의금 같은 비고정적인 비용)]보다 고정적(주기적)으로 들어오는 현금 흐름이 많아진다면, 당신은 더 이상 일을 하지 않아도 된다.

그는 "일정하게 들어오는 것 자체가 어마어마한 힘을 지닌다. 이런 돈은 한 번에 몰려다니는 돈보다 힘이 훨씬 세다"라고 말한다.

매달 100만 원씩 버는 사람은 1년 내내 굶다가 1년에 1천만 원 버는 사람보다 힘이 세다는 의미다. 현금 흐름의 힘이다.

『인생에 승부를 걸 시간』을 쓴 데이비드 오스본도 '현금 흐름'을 통해 주기적으로 들어오는 10달러의 돈은 자신의 시간과 노력을 투입해 만든 돈 100달러와 맞먹는다고 계량화한다. 쉽게 말해 일정하게 들어오는 돈은 한 번에 들어오는 돈의 10배에 달하는 힘을 지니고 있는 셈이다.

김승호 회장은 이렇게 비유한다.

"비가 일정하게 골고루 오는 경우를 가정해 보세요. 곡물도 자라고 자연스럽게 온도도 유지되고 세상 사는 게 편할 수밖에 없습니다. 만약에 폭우처럼 몰아서 한 번에 비가 온다면 어떨까요. 돈이라는 것도 똑같습니다."

프리랜서 중에 하루 일당으로 30~50만 원까지 버는 이들은 흔하다. 이렇게 일별 수입으로 한 달을 계산해 보면 1천만 원에 달하는 월수입이 나오는데도, 주변을 보면 이런 사람들이 부자인 경우가 드물다. 수입에서 일정하게 들어오는 돈의 비율이 극히 적다면 그 돈을 모을 능력이 쉽게 사라져 버리기 때문이다.

사업에서도 마찬가지다. 매출이 주말만 500~1천만 원을 찍는 것은 아무 의미가 없다. 차라리 매일 10만 원씩 꾸준히 수입이 들어오는 사업이 훨씬 낫다.

그는 일정하게 들어오는 현금 흐름식 수입을 '조직화된 돈'이라고 정의한다. 조직화된 돈은 다른 돈을 이긴다. 목돈보다 낫다.

어떤가. 그대는 한 방으로 일확천금을 노리고 있는가. 아니면 작지만, 꾸준히 들어오는 조직화된 수입을 노리는가.

돈의 속성 4 | 고생해서 번 돈의 힘

노벨 경제학상을 받은 리처드 탈러는 『넛지』라는 책을 통해 '심적 회계*mental accounting*'라는 개념에 대해 설명한다. 카지노에서 잭팟이 터져 순식간에 5천만 원이라는 돈이 생겼다고 치자. 당신이 회사에서 벌어들인 연봉과 맞먹을 테지만 당신은 이 돈을 다시 카지노에 꼬라박는다. 너무도 쉽게. 만약 당신이 '심적 회계'를 통해 그 돈을 회사에서 벌어들인 연봉이라고 인식(심적 회계)만 할 수 있다면 그렇게 쉽게 쓸 리가 없다. 하지만 당신의 마음은 그 돈을 '카지노에서 딴 일확천금'이라고 못을 박고 마음속 '대박 계좌'에 넣어 버린다.

김승호 회장은 이 개념을 '돈의 무게'라는 속성으로 설명한다.

돈은 표면적으로 같은 100만 원이나 1천만 원이어도, 그러니깐 현재 눈에 보이는 가치는 동일하더라도 '그 돈이 벌어진 과정'에 따라 그 돈의 무게가 달라진다는 개념이다.

눈앞에 100만 원이 있다고 치자. 이게 당신이 생고생해서 만든 100만 원이라고 한다면, 그 '돈 가치의 무게'는 100킬로그램쯤 된다고 가정할 수 있다. 반대로 같은 100만 원이지만 누군가한테 그냥 쓰라고 받은 돈이라고 해 보자(위의 경우라면 카지노에서 100만 원짜리 잭팟이 터진 경우다). 이럴 경우 이 100만 원에 해당하는 '돈 가치의 무게'는 1킬로그램 정도에 불과할 수밖에 없다. 바람만 살짝 불어도 휘 날아가는 것이다.

이런 돈은 흩어져 버리기 쉽다. 복권에 당첨이 됐다든지, 그냥 사둔 땅값이 어느새 10배 튀었다든지, 유산으로 큰돈을 받았다든지하는 경우라면 같은 1억 원이라도 내가 꾸준히 모아서 적금을 통해 만든 1억 원과는 전혀 다른 가치를 가진다. '돈 가치의 무게'를 알아야, 그 돈을 지킬 수 있다.

돈의 속성 5 | 남의 돈도 소중히 하라

진정한 사랑과 봉사는 남과 나를 똑같이 생각하는 마음에서 나온다. 돈을 인격체로 생각하면 당연히 나의 돈과 남의 돈이 다를 수없다. 각각이 소중한 돈인 것이다.

하지만 이런 개념을 모르는 이들이 많다. 내가 한턱 쏠 때는 사이다 한 병, 술 한 병 주문하는 데도 신경이 쓰이는데, 친구가 한턱쏜다고 할 때는 고기 두 판, 소주 두 병, 막 더블로 시키고도 마음이 전혀 불편하지 않다.

코스피, 코스닥 시장에 사장된 4천여 개 회사들을 운영하는 오너들의 자질을 살필 때도 이런 점만 보면 된다. 오너가 고작 10%의 지분을 가졌다고 가정한다면 "90% 지분이 남의 돈이다. 이들 소액주주를 위해 열심히 회사를 운영하겠다"라며 작은 비용이라도 아껴 쓴다면 이 회사는 장기투자를 해도 된다. 반면 고작 10%의 지분을 가지고도 주인 행세를 하며 권력을 휘두른다면 그 회사는 틀렸다. 투자를 접어야 한다.

그는 마지막으로 돈을 '몰려다니는 가시 같은 존재'로 여겨야 한다고 조언한다. 돈을 벌어서 성공했다는 것은 이 가시방석에 잘 앉은 것이라고 여기면 된다. 그 돈의 가시를 다독이지 않으면, 그 가시가 어느새 나를 찔러 돈을 벌어도 다시 돈을 흩어지게 만든다. 그래서 전설적인 투자자 앙드레 코스톨라니가 이렇게 말했을 것이다. "돈, 뜨겁게 사랑하고, 차갑게 다루라"라고.

富의 기운을 받는 장소

가끔. 말도 안 되는 믿기 힘든 핫스폿 같은 곳이 있다. 워런 버핏도, 김승호 회장도 모르는 '부의 기운'을 받을 수 있는 곳. 과학적인 근거가 있냐고 물으면 할 말이 없다. 이런 것 따지지 않고도 사람들은 몰려가고 있다. 그런데 희한한 것 한 가지. 터의 기운이라도 있는 것처럼 이런 핫스폿이 일정한 지역에 무더기로 몰려 있다는 것이다.

일단 창원으로 향한다. KTX가 창원중앙역까지 운행되므로 서울이든, 전국 어디서건 편하게 떠날 수 있다.

부의 기운이 도는 곳 중에서도 넘버원 스폿은 돝섬 그리고 저도.

돝섬의 '돝'은 돼지의 옛말이다. 해석하자면 돼지 섬인 셈. 저도라는 것도 돼지와 관련이 있다.

돝섬은 마산항에서 배로 딱 10분. 갈매기들에게 새우깡을 던져 주다 보면 이내 돝섬이다. 돝섬은 1982년에 유명한 해상유원지였던 곳이다. 한때 서커스장과 동물원, 놀이기구까지 있었고 섬에 들어가는 배를 타려고 인산인해를 이루었다는 곳. 이후 서서히 잊히고 있는데, 2019년 황금돼지해(기해년)를 기점으로 다시 인기를 모으고 있다.

이곳 포인트는 선착장에 내리자마자 만나는 황금돼지 상. '복을 드리는 황금돼지섬 돝섬'이라는 문구 바로 옆이다. 어른 키만 한 이 조각상. 당연히 인증샷 포인트다. 그런데 묘하다. 코만 반들반들하다. 아닌 게 아니라 이 조각상의 코를 어루만져야 부자의 소원을 이룰 수 있다는 설이 있다.

두 번째 부자 스폿은 저도. 마산합포구 구산면이다. 저도로 향하는 길이 백미다. 훈훈한 바람이 불 때 차로 내달리기 좋은 최고의 드라이브 코스다. 꼬불꼬불 돌다 보면 이내 저도에 이른다. 저도는 연륙교로 이어져 있으니 배를 탈 필요도 없다. 이곳 머스트 시*must see* 포인트는 빨간색 '콰이강의 다리 스카이워크'다. 데이비드 린 감독의 영화에 등장한 '콰이강의 다리'와 닮았다 해서 따온 이름이다. 구산면 구복리와 저도를 잇는데 길이만 무려 182미터에 폭 3미터에 이른다. 제일 압권은 투명한 강화유리로 만든 바닥 한가운데. 다리를 건너며 투명유리를 통해 13.5미터 아래 출렁이는 바다를 내려다보는 맛, 짜릿 그 자체다. 어김없이 사랑의 자물쇠와 느린 우체통도 버티고 있다.

이들을 다 돌았으면 그다음 가봐야 할 곳이 그 유명한 의령. 의령이 부자투어 핫스폿이 된 건 순전히 솥바위 덕이다. 의령의 상징 남강.

이곳엔 솥뚜껑처럼 생긴 '솥바위'라는 포인트가 있다. 여기에 얽힌 일화가 있다. 조선시대 말, 한 도인이 예언을 한다. "바위의 다리가 뻗은 세 방향 20리(약 8킬로미터) 내에 3명의 부자가 태어날 것"이라고. 그 3인의 면면이 이병철 삼성그룹 회장, 구인회 LG그룹 회장, 조홍제 효성그룹 회장이다. 이들의 생가가 이 주변을 따라 둥지를 틀고 있는데, 이곳을 찍으며 부자의 기운을 받는 루트다. 18킬로미터에 달하는 '부잣길'까지 만들어 놓고 있으니 무조건 걸어야 한다. 믿거나 말거나 말이다.

불안 끄기의 기술

의사

윤대현

불안하다. 시시각각 불안하다. 아침부터 뭐 먹을까 걱정이요, 일어나자마자 지각할까 불안하다. 회사에 가도 불안 시스템은 꺼지지 않는다. 점심 때 혼밥할 것 같아 불안, 저녁이면 야근할 것 같아 또 불안이다. 옆자리 김 대리가 나보다 일 잘할 것 같아 불안하고, 앞 팀 서 과장이 기획서 다시 내라고 빠꾸 놓을까 또또, 불안하다. 젠장, 눈 뜨고 나서부터 모든 것이 불안이다. 급기야 잠자는 것도, 잠이 안 올까 불안하다. 이쯤 되면 세상 모든 게 불안이다. 오히려 불안하지 않을 것 같아 불안하다.

태어나서부터 죽을 때까지 그림자처럼 따라다니는 불안. 이 불안을 절묘하게 다룰 수 있는 방법은 없을까. 서울대 정신건강의학과 윤대현 교수는 불안 멘토다. 그가 한결같이 강조하는 말이 있다. 이 '불안', 사실 나쁜 놈이 아니다. 그냥 살아가는 데 정말이지 그림자처럼 따라다니는 녀석이다. 그러니 불안을 미워하지 말라고 말한다. 불안이 불쑥 찾아오는가. 그러면 이렇게 속삭여주면 된다. "아, 이 귀여운 불안아. 그렇게 뭔가 잘하고 싶었니? 그래서 이렇게 또 나왔니?"라고. 그래도 불안이라는 존재가 부담스러운가. 그렇다면 플랜 B 방법을 쓰면 된다. 이름 하여 윤 교수의 트레이드마크 불안 끄기의 기술, 멍 때리기다. 이 챕터, 여기까지 읽고 나서도 불안하신가. 그렇다면 당장 책을 덮으시라. 그리고 멍 때려라.

불안 시스템의 오작동

불안의 종류는 두 가지다. 자신이 제어할 수 없는 '외생 불안과 내면에서 자라는 불안이다. 외생 불안은 자신이 제어할 수 없다. 사스나 메르스, 코로나 같은 질병과 같은 불안이나 경기가 나빠질 것 같은 금융위기 불안 같은 종류다. 반대로 내생 불안은 제어가 가능하다.

개인을 괴롭히는 불안의 대부분은 이 자신 안에 존재하는 내생 불안이다. 내생 불안은 그 정체만 제대로 알면 제어가 가능하다.

개인을 따라다니는 지긋지긋한 불안의 존재도 내생 불안이다. 윤대현 교수는 일단 이 불안을 자연스러운 존재로 받아들이는 마음가짐이 중요하다고 조언한다. 뭔가 잘하려고, 완벽하게 일을 끝내려는 당신의 욕구가 강박을 만들어 낸다. 그 과정에서 나오는 형태가 불안이라는 산물이라고. 그러니 불안은 지극히 자연스러운 존재다. 결코 나쁜 현상이 아니다. 완벽하게 일을 끝내려 하는 과정, 최선과 열심, 성실의 경계선에서 나오는 것이기 때문이다.

학생들은 시험을 잘 봐야 한다는 강박에 마음이 불안하고, 사회생활을 하는 회사 구성원들은 일을 잘하려는 조바심에 불안하다.

문제가 되는 것은 불안의 과잉이다. 무엇이든 과도해지면 문제가 터진다. 불안도 마찬가지다. 각자가 이런 완벽주의에 집중하다 보니 뇌 속의 불안 시스템은 종일 돌고 돈다. 과도한 불안사회가 된 것이다.

과도한 불안사회는 '열심히 살라, 최선을 다하라'는 가치를 주입한다. 열심과 최선이 없다면 곧 도태된다. 살아남으려고 완벽을 추구한다. 완벽을 추구하면 또 잘해 내야 한다는 강박에 빠진다. 강박은 연이어 불안을 만든다. 몸도, 뇌도 얼어붙고 경직된다. 아, 불안의 악순환이다.

윤 교수는 과도한 불안사회에서는 일할 때만 작동해야 하는 불안 시스템이 쉴 때도 계속 돌아가는 오작동을 일으킨다고 말한다.

"내가 일을 할 때만 스트레스를 일으키는 불안 시스템이 작동해야 합니다. 일을 안 하고 있을 때는 이완하거나 꺼지거나 해야 하는 게 정상입니다. 하지만 과도한 불안사회에서는 이 시스템이 쉴 때도 돕니다. 심지어 잘 때도 돌게 되지요."

쉽게 예를 들어 보자. 시험을 잘 보려고 너무 노력하다가 발생하는 것이 시험 불안이다. 이 불안 시스템이 가동되면 문제를 푸는 데 써야 할 뇌의 절반 이상을 이 불안을 다루는 데 쓰게 된다. 결국 자꾸 실수를 거듭하다가 시험을 망친다.

심지어 이 불안 시스템은 잠을 자고 있을 때도 작동한다. 그렇게 되면 나타나는 증상이 불면증이다.

그대, 오늘도 잠을 못 이루고 있는가. 이유 없이 또 불안하신가. 그렇다면 불안 시스템 끄는 법을 배워야 한다.

잘 놀고 잘 비운다

불안 시스템을 끄려면 어떻게 해야 할까. 이거 참 쉽지 않다. 윤 교수는 일단 '잘 놀 것'을 권한다. '잘 논다 = 불안 시스템 OFF'라는 설명이다.

친구들과 정신없이 놀이에 집중해 있을 때를 떠올려 보라. 잘 놀 때, 인간의 뇌는 노는 것에만 집중한다. 딴생각이나 일 따위가 접근

할 틈이 없다. 불안 시스템도 자동으로 꺼진다. 잘 노는 것의 범주에는 스포츠도 포함된다. 땀 흘리며 운동에 집중하다 보면 잡생각이 끼어들 틈이 없다. 그러면 불안 시스템이 자동으로 오프 단계로 접어든다.

억지가 아니라 진심으로 잘 노는 것조차 불안하다면 어쩔 도리가 없다. 이때는 인위적인 방법을 동원해야 한다.

인위적인 불안 끄기의 기법으로 윤 교수가 1순위로 올려놓는 방법은 '멍 때리기'다. 이건 누구나 안다. 아무 생각과 초점 없이, 흐릿하게 머릿속을 텅 비우라는 말이다.

멍 때리기라는 용어를 심리학적으로 풀이하면 'Task-Negative(과업을 수행하지 않는 정신 상태)'다. 요가나 명상을 할 때 뇌 속에 잡념을 없애는 과정이 이런 멍 때리기와 일맥상통한다.

그러니 의도적으로 힐링을 원할 때 '멍 때리기'의 상태를 만들어 주면 된다. 여기서 주의할 점이 있다. 멍 때리기의 과정을 과업이나 숙제처럼 강박을 가지고 하면 안 된다는 점이다.

힐링을 위해 관련 자기계발서를 읽으면서 '힐링을 해야 해, 나는 반드시 힐링을 할 거야'라고 숙제처럼 여기기 시작하면 불안 시스템이 돌아간다. 머릿속에 신선한 기운을 불어넣기 위해 등산을 하면서도 '정상을 정복해야 해. 내가 1등으로 오를 거야'라며 과업처럼 생각하면 역시나 불안 시스템이 작동한다.

이런 경우도 있다. 휴가를 간다. 최고의 휴양지로 꼽히는 몰디브에 가서도 '기어이 난 쉬고 말거야. 이번 휴가만큼은 완벽해야 해' 하면 그 휴가는 곧 '일'이 된다. 휴가를 보내고 와서도 몸과 마음이 개운하지 않고 더 무거워지는 말도 안 되는 상황이 벌어진다.

그러니 사무실 안에서라도, 버스 안에서라도, 카페에서라도, 내 마음 안에, 뇌 안에, 자유를 줄 수만 있다면, 불안 시스템을 끌 수만 있다면, 다시 말해 자주자주 멍 때리기만 한다면, 그게 힐링이고 쉼이라는 것이 요즘 뇌 과학의 핵심 이론이다. 그저 사무실에서 멍 때리는 편이 개고생하며 남극 투어를 하는 것보다 오히려 낫다고 윤 교수는 강조한다.

세상 즐거운 아이들을 보라. 멍 때리는 걸 배우지도 않았는데 가끔 멍 때리는 시선으로 먼 곳을 응시할 때가 있다. 본능적으로 불안 끄기의 기술을 시전하고 있는 것이다.

목표를 쪼개고 성취감 연습을 하라

'불안 끄기의 기술'이라고 하면 참 말은 쉽다. 그런데 막상 써 먹으려면 쉽지 않다. 행동경제학에서 말하는 인지적 오류투성이 뇌, 즉 '마음 컴퓨터'에서 이 방법을 구사해야 하기 때문이다. 인간의 마음이란, 논리적 언어 통제를 받지 않도록 만들어져 있다. 윤 교수는 이런 예를 든다.

"불면증에 시달리는 아내가 가장 열 받을 때가 언제인지 아세요? 남편이 마음 편히 먹고 자라고 할 때라고 합니다. 왜냐? 이게 말은 쉬워도 절대 안 되는 거거든요."

'불안 시스템을 꺼야지, 몸과 마음을 이완하고 자야지, 멍 때려야지' 하면 또 불안 시스템이 도는 게 마음 회로의 작동 방식이다.

이러다 보니 거대한 시험, 거대한 목표가 있을수록 불안 시스템은 요동치기 시작한다. 돌고 돌아 최고치인 임계점에 달한다. 너무 불안하다 보니 오히려 딴 일을 하게 되는 회피 현상까지 나온다. 도무지 목표에 집중이 안 된다.

그렇다면 어떤 방법을 써야 할까.

'불안 멘토' 윤대현 교수는 세 가지 도구를 활용해야 한다고 강조한다.

1. 불안을 미워하지 말 것.
2. (아무 생각 없이) 운동이나 오락을 할 것.
3. 목표를 쪼개고 성취감 연습을 하라.

첫 번째 도구는 불안을 미워하지 말 것. 뇌 효율이 떨어지면서 불안이 커지는 상황을 막기 위한 조치다. 윤 교수는 불안이라는 대상에 대해 혐오감을 느끼거나 이상하게 받아들이는 마음을 가장 경계해야 한다고 조언이다. 불안은 정상적인 현상이며 누구에게나 일어

나는 증상이라는 사실을 받아들이는 것이 중요하다. 어떤 일을 잘
하려고 할 때 등장하는 예쁜 마음의 한 단면이라고 생각하라는 것
이다.

윤 교수는 말한다.

"불안을 정상적이면서 귀엽게 받아들이는 자세가 일단 중요합니다.
불안해지셨다면 이렇게 생각하면 됩니다. 아이고 이 불안아, 귀여
운 내 마음아. 그렇게 시험을 잘 보고 싶었어? 그렇게 일을 잘하고
싶었어? 이렇게 받아들이는 방법이 기본입니다."

두 번째 도구는 운동이다. 적당한 수준의 오락이나 게임도 좋다.
너무 불안한 상태라면 별수 있는가. 먹는 것이든, 뛰는 것이든, 어떻
게든 그 불안의 존재를 풀어줘야 한다. 별것 아닌 것 같은 이런 운
동이 먹힌다. 대신 이 과정에서 특별한 방법이 있다. 운동이든, 오락
이든, 게임이든 뭐든 '한 판'이라고 판을 정해 놓고 뛰어야 한다. 그
래야 한 판 한 판 마무리하는 성취감을 가질 수 있다. 중요한 건 이
때도 운동, 오락, 게임을 숙제하듯 해선 안 된다는 거다. 목표를 적
당히 정하는 건 좋지만 '하루 30분, 등에 땀이 날 정도로 주 3회' 이
런 식으로 숙제처럼 해서는 곤란하다는 거다. 불안 시스템이 또 돌
수 있어서다.

세 번째는 목표나 계획을 세우는 단계에서의 도구다. 핵심은 큰
목표나 계획을 잡지 말라는 것. 원대한 목표가 있다면 단계별로 목

표를 잘게 쪼개서 하나하나 정복해 나가라는 의미다. 보통 사람들은 일단 원대한 목표나 계획부터 잡는다. 그래선 안 된다. 달성하지 못하는 목표나 계획은 또다시 나를 괴롭힌다. 동기를 잃고 의욕이 점점 떨어져 불안 시스템을 돌린다. 예를 들어 수학 100문제가 있다고 하자. 이럴 때 '그래, 100문제를 다 풀어버리겠어'라고 초기 계획을 세우면 안 된다. 일단 5문제씩 풀어서 단계를 밟아가는 과정이 중요하다. 5문제가 힘들다면? 간단하다. 3문제, 2문제씩으로 확 줄이면 된다.

각 단계별로 성취감을 느끼면 그것이 동기 부여가 된다. 심리학에서 말하는 성취감 반복 훈련이다.

물론 거창하고 큰 계획을 잡아야 큰 성과를 이룬다고 주장하는 전문가들도 있다. 윤 교수는 이 명제에 대해 컴퓨터 논리로는 그 말이 맞을 수 있는데, 마음 컴퓨터상에서는 실천이 힘든 상황에 직면할 수 있다고 염려한다. '계획을 작게 잡는 대신 성공 경험을 크게 할 것.' 이것이 바로 핵심이다.

잘게 목표를 잡고 나서 성취할 때마다 주변의 칭찬을 자주 받는 일. 이 유치한 과정이 효과가 있을까, 하는 의문도 있을 수 있다. 이에 대해 윤 교수는 "당장 해 봐라"라고 잘라 말한다.

'에이, (수학 2문제) 그거 가지고 되겠어?'라는 마음이 드신다고? 하지만 이 유치한 게 먹힌다. 효과 만점이다. 그것이 우리의 마음이다.

휴식을 주는 고궁투어

"뇌는 원래 두 가지 모드로 일한다. 멍하다가 집중하고, 또 멍하다가 집중하는 게 뇌가 원래 일하는 방식이다."

정신과의사 신동원 교수가 썼던 베스트셀러 『멍 때려라!』에 나오는 문구다. 최선과 열심만 강요하는 사회에선 뇌를 쉴 시간이 줄어들고 있다. 쉴 때조차 스마트폰을 보고 있으니, 뇌는 늘 ON의 상태다. 윤 대현 교수뿐 아니라 각계 전문가들이 가끔 뇌의 스위치를 끄고 멍 때려야 머리가 팽팽 돌아가고 창의력이 증강된다고 강조하는 것도 같은 맥락이다.

주변에 보면 의외로 멍 때리기 좋은 명당들이 있다. 가끔 점심시간이나 퇴근한 뒤 한 바퀴 휘 돌면서 멍 때리기 좋은 핫스폿이다.

대표적인 곳이 고궁이다. 서울에는 총 다섯 개의 궁이 있다. 경복궁,

덕수궁, 창덕궁, 창경궁, 경희궁이다. 이중 사색과 창의력 포인트로 꼽히는 곳은 창덕궁과 덕수궁 두 곳이다.

창덕궁은 봄가을 달빛기행 프로그램으로 인기를 한 몸에 받고 있는 궁이다. 가장 오랜 기간 임금이 살았던 이곳은 임진왜란 때 궁궐이 불탄 이후 고종이 경복궁을 짓기 전까지 정궁(임금 거처하는 공간) 역할을 했다고 한다. 유네스코 세계문화유산으로 등록된 유일한 궁이면서 조선의 궁궐 중 원형이 가장 잘 보존돼 있는 궁이기도 하다.

이곳의 멍 때리기 명당은 후원이다. 잘 다듬어진 정원과 함께 정자와 연못 등이 어우러져 있으니 그야말로 최적의 장소. 자연환경과 잘 어우러져 있다. 조선 시대 왕들도 뇌를 리셋하기 위해 멍 때렸던 은밀한 장소다.

후원은 특별 관람 코스를 택해야 한다. 문화재 생태 보호를 위해 해설사와 제한된 인원으로 관람을 한다. 동선은 이렇다. 입구 집결 → 진선문 → 인정전 → 낙선재(달빛 감상)→ 부용지(달빛 감상) → 불로문 → 연경당(전통공연, 다과) → 후원숲길 → 해산.

두 번째 뇌를 리셋하기 좋은 궁은 덕수궁이다. 서울 시청 코앞이니 당장 뛰어가도 될 정도. 특히 5대 궁 중 유일하게 매일 밤 9시까지 야경을 개방한다.

덕수궁에서 멍 때리기 좋은 포인트는 딱 두 곳. 정관헌과 유현문이다. 정관헌은 고종이 차를 즐기면서 뇌를 리셋했던 정자다. 조선시대 '스타벅스' 정도로 여기면 된다. 유현문은 가볍게 지나는 문이다. 이 문

을 지나면 머리가 현명해진다는 설이 있다. 멍 때리며 뇌도 리셋하고,

여기에 머리까지 똑똑해진다는데, 무조건 가야 한다.

모두가 너는 끝났다고 말할 때

야구선수
박찬호

자기계발서 제목이나 부제로 한때 유행했던 '거인의 어깨 위에 올라타라'라는 문장은 사실 과학자 뉴턴이 남긴 말이다. 여기서 '거인'은 앞서간 멘토들이다. 그들의 어깨 위에 올라타야 투입되는 시간을 줄인 채 인생의 효율성을 높일 수 있다. 여기서의 핵심은 멘토십의 중요성이다. 인생 멘토들은 하나같이 '멘토를 만나라'라고 강조한다.

혈혈단신 메이저리그에 뛰어들었던 정신력 리더 박찬호도 "인생에 한 명 이상 멘토를 두라"라고 조언한다. 거인의 어깨 위에 올라타라는 의미다. 보통 사람들은 자기보다 못한 사람을 곁에 둔다. 반면 인생 멘토들은 항상 잘난 사람을 멘토로 둔다. 그 역시 바닥을 쳤을 때, 그의 손을 잡아 준 멘토를 만난다. 파리 목숨에 비유되는 프로야구 감독 자리를 1976년부터 1996년까지 무려 21년간이나 맡았던 LA다저스의 전설 토미 라소다 감독이다.

마법의 거울 주문 'I Can Do It'

박찬호는 탄탄대로를 걷는 세계적인 스타들의 화려한 외관 대신 그 이면을 봐야 그 사람을 제대로 알 수 있다고 단언한다. 27년 전 메이저리그에 입성하고 '한국의 영웅' 칭호를 받았던 그지만 그 과정에서의 시련은 한마디로 뼈를 깎는 고통이었다고 그는 회상한다.

"(인생은 파도와 같습니다.) 큰 기쁨을 얻고 큰 행복을 누리면, 그 뒤에 반드시 더 큰 시련을 만납니다." _Y포럼, MBN 주최

'코리안 특급'이라 불리며 메이저리그에 입성했지만, 그는 17일 만에 바로 마이너리그로 내려간다.

다시 메이저리그로 컴백하기까지 걸린 시간은 무려 2년. 빅리그 입성이라는 단꿈에 흠뻑 젖자마자 바로 마이너리그의 혹독한 바닥에 내몰리며, 빅리그의 높은 벽을 절감한다. 고국에 대한 그리움, 가족에 대한 정, 몇 번이나 포기를 생각했다고 한다.

이를 악물고 버틴 끝에 그는 메이저리그에 복귀한다. 그러고는 6년간 승승장구하며 새로운 신화를 쓴다. 5년간 6천 500만 달러 이적 계약을 맺고 텍사스 레인저스로 전격 이적한다.

그는 그때를 떠올리며 "인생의 높은 경지의 산을 정복하고 우뚝 솟은 느낌이었다"라고 말한다.

하지만 기쁨도 잠시. 그는 또다시 험난한 파도를 탄다. 잔부상을 이겨 내며 팀에 섞였지만 적응이 너무 힘들었고, 성적이 나오지 않자 언론과 팬들의 본격적인 공격이 시작된다. '메이저리그 최악의 FA 계약이었다', '먹튀다'와 같은 비아냥거림과 함께 이역만리 활약상을 지켜보며 응원했던 열혈 팬들까지 '박찬호 시대는 갔다'고 떠들어 댄 것이다.

처음으로 죽음을 생각한 것도 이 즈음이라고 그는 털어놓는다. 팬들에 대한 배신감, 언론에 대한 분노, 여기에 같은 동포, 한국인에 대한 서운함까지 더해지면서 감정은 나락으로 떨어진다. '높은 난간에서 떠밀리는 공포감'이었다고 그는 당시를 추억한다.

박찬호 선수가 선 난간의 끝에서 그의 손을 잡아 준 사람이 멘토 라소다 감독이다.

매일같이 죽고 싶다는 극단적인 생각에 빠져 있을 무렵, 그는 한 남자를 만난다. 거울 속에서 하염없이 울고 있는 남자, 바로 거울 속 자신이다. 그리고 갑자기 그의 멘토, 라소다의 조언이 떠오른다.

낯선 미국 생활. 메이저리그 입성의 꿈을 이룬 첫해, 첫 스프링

캠프 때 박찬호의 방을 친히 찾은 라소다는 이런 주문을 가르친다. '최선을 다해라, 열심히 하라'는 상투적인 가르침이 아니었다. 뜬금 없이 매일 "거울을 보라"라고 주문한다. 그리고 주문을 외우라고 강조했다.

"매일 아침, 매일 자기 전, 하루 두 번 거울 속 자신에게 약속을 해라. 매일같이! 매일같이! 나는 다저스 경기장에서 공을 던질 것이다. 나는 꼭 나의 꿈을 이뤄 메이저리거가 될 것이다."

박찬호는 거울 앞에서 하염없이 우는 자신의 모습을 보며 이 말을 떠올렸다고 한다. 메이저리그의 꿈을 이루자마자 마이너리그로 직행했던 급강하의 시기. '먹튀' 소리를 듣고, 박찬호 시절은 끝났다는 최악의 비난을 들었던 그 바닥의 시기. 그를 수렁에서 건져낸 건 다름 아닌 이 마법의 주문이었다고 한다. 그리고 일어난다. 형편없이 일그러진 자신을 향해 그는 속삭인다.

"울지 마, 괜찮아. 할 수 있어, 다시 시작하자!"

그러나 2006년에도 박찬호는 시련에 부딪힌다. 시즌 도중 장출혈로 소장을 절단해 버린 수술. 당연히 이듬해 2007년은 마이너 리그로 직행해 한 해를 보낸다. 역시나 또다시 비난은 쏟아진다. 잘 던질 때 칭찬 일색이었던 팬과 언론은 '박찬호는 끝났다. 구질구질해지기 전에 끝내라'라는 말로 또 한 번 비수를 꽂는다. 심지어 가족들까지 안타까운 마음에 은퇴를 권한다.

그때도 딱 한 명이 그를 끝까지 응원했다고 한다. 그 '사람' 덕에 그는 '메이저리그 124승'이라는 아시아 선수 메이저리그 최다승 기록을 세운다.

그를 끝까지 응원했던 그 한 사람이 '거울 속 박찬호'였다. 수많은 강연과 TV 프로그램에 출연해 그는 거울 마법을 설파하고 다닌다. 인생에 한 번쯤은 멘토를 만나라고. 거울의 마법을 써 먹어 보라고 말이다.

"저에겐 아버지나 다름없던 멘토 라소다의 거울 마법은 지금도 저를 일깨웁니다. 이 세상 모두가 저를 외면해도 딱 한 사람만은 저를 믿고, 저에게 또 다른 목표를 줍니다. 누구냐고요? 바로 '거울 속 박찬호'입니다."

멘토의 조언을 체화하라

멘토를 만나는 일은 흔하다. 누구나 인생을 살며 거인을 만난다. 그게 일상에서일 수도, 책을 통해서일 수도, TV나 미디어를 통해서일 수도 있다. 중요한 것은 그들과의 만남이 아니라 체화라고 인생 멘토들은 한결같이 강조한다. 멘토의 조언을 자신의 것으로 만들기. 그것이 핵심이다.

박찬호 역시 멘토를 통한 '실행력 레버리지'를 통해 시련을 극복해 낸 경우다. 멘토의 레버리지에 대해 잘 정리해 놓은 또 한 명의 멘토가 『게으른 백만장자*The Lazy Millionaire*』라는 책을 쓴 마크 피셔다.

그는 게으르게 부자가 될 수 있는 법칙 11가지를 소개하면서, 거인의 어깨 위에서 거인의 레버리지를 활용하라는 '멘토십의 법칙'을 소개한다. 그가 강조한, 레버리지를 할 수 있는 멘토의 강점 다섯 가지는 이렇다.

1. 배움의 과정을 놀라운 속도로 단축시켜 준다.

거인의 어깨 위에 올라타야 하는 절대적인 이유다. 그들은 당신과 똑같은 시행착오를 겪었고, 그를 통해 극복법을 찾아냈다. 그극복법을 그들을 통해 배울 수 있고, 그 시행착오의 시기를 줄일수 있는 것은 절대적인 행운일 수 있다.

2. 이들의 가르침 덕분에 실수를 피해 갈 수 있다.

맞는 말이다. 당신이 가는 길에서 흔히 할 수 있는 실수의 과정이열 가지가 존재한다면, 멘토들의 조언을 통해 이 실수를 다섯 가지로만 줄일 수 있어도 성공이라고 볼 수 있다.

3. 멘토는 또 다른 멘토를 만날 기회를 만들어 준다.

재테크 서적에 늘 등장하는 조언이 '부자가 되려면 부자들 곁에 있어라'라는 말이다. 마찬가지다. 인생에서의 성공을 위해서는 성공한 멘토들 곁에서 그들의 조언을 들어야 한다. 성공한 멘토의 곁에는 성공한 멘토들이 모인다. 그들과 관계를 맺는 것만으로도, 그들의 인맥을 흡수할 수 있는 기회가 더 늘어났다는 의미다.

4. 재정적 도움을 줄 수 있다.

직접적이든 간접적이든 당신에게 재정적 도움을 줄 수 있다. 이 지역 집값이 오를 테니, 무조건 사 놓으라는 조언을 할 수도 있고, 이 주식은 성장성을 감안할 때 저평가이니, 아들에게 물려주고 싶으면 당장 사라는 재정적 팁을 줄 수도 있다.

5. 당신에게 긍정적인 영향을 준다.

절대 바뀔 수 없는 팩트다. 결국 이들은 당신의 삶의 방식에, 경험에, 인생철학에 긍정적인 영향을 주고 긍정적인 변화를 일으킨다는 점이다.

마크 피셔는 멘토십의 법칙 마지막에 이렇게 쓴다. "훌륭한 스승을 만났다면, 그가 해 준 조언과 설명들이 헛되지 않도록 헤어지는 바로 그 순간부터 가르침을 실천해야 한다. 지금 당장 하지 않는다면 당신은 앞으로도 영원히 하지 못할 것이다!"

어떤가. 당신, 인생의 바닥 앞에 그저 쓰러져 있지는 않은가. 그렇다면 당장 거울 앞으로 달려가시라. 그리고 그 앞에 우뚝 서 있을 당신에게 이렇게 속삭이시라.

"괜찮아. 할 수 있어. 다시 시작하자!"

박찬호, 지금 만나러 갑니다

대한민국 공주. 묘한 길이 있다. 골목골목 이어지는 이 길. 이름 하여 산성찬호길이다. 산성찬호길 19번지에 박찬호 기념관이 둥지를 틀고 있다. 공주는 박찬호 선수의 고향이다. 생가가 있는 이 길을 그래서 '산성찬호길'이라고 부른다. 남공주 IC를 빠져 백제문화로와 왕릉로를 거쳐 산성찬호길까지 7.4킬로미터를 내달리면 닿는다.

야구선수를 꿈꾼다면 최고의 멘토인 박찬호. 박찬호를 멘토로 삼고 있다면 버킷리스트 1순위로 찾아야 할 곳이 그의 기념관이다. 아예 생가 자체를 리모델링해 2층 7개 전시실로 구성해 놓고 있다. 메이저리그 아시아인 최고 기록 124승. 그 역사를 이루기까지 야구 스토리가 담긴 물품들이 모두 전시돼 있다.

1층 전시실에는 박 선수의 초·중·고 시절 소장품이 둥지를 틀었다. 특히 '1전시실1st Exhibition room'은 멘토 박찬호 야구 인생의 시작과 끝을 볼 수 있는 곳이다. 한화 이글스(2012) 시절 홈 유니폼과 두 번의 국가대표(1998, 방콕아시안게임/2006, WBC) 당시 유니폼, 그리고 자랑스러운 한국의 메이저리거 박찬호를 알린 LA다저스(LA Dodgers, 1994~2001, 2008) 시절의 소장품이 나온다. 꼭 봐야 할 곳은 4전시실*4th Exhibition room*. 노력과 인내 그리고 영광의 순간이 담긴 곳이다. 메이저리그 통산 124승의 기록을 담은 124개의 승리구와 흔하게 접하지 못했던 마이너리그 시절부터 한국 야구선수로 은퇴하기까지 특별한 의미를 담은 승리구들을 전시하고 있다. 체인지업*Change-up*을 비롯한 다섯 가지 구종을 박찬호 선수의 실제 손을 본뜬 석고 작품과 함께 전시해 생동감을 더한다. 2층 전시실에는 메이저리거 시절 가장 오래 몸담았던 LA다저스 구단 락커룸이 재현돼 있다. 5전시실*5th Exhibition room*이 압권. LA다저스*LA Dodgers*를 제외하고 박찬호 선수가 몸담았던 6개 구간의 홈 유니폼, 모자, 글러브, 스파이크, 배트 등의 소품과 당시 사진이 모여 있다. 현역 시절 'Player card'와 주요 경기 티켓 그리고 124승의 기록의 날에 쓰였던 배팅오더*Batting Order*, 선수 라인 업*Line Up* 등이 고스란히 피 튀기던 현역 시절의 긴박감을 전달해 준다.

계단을 오를 때 벽화도 놓치지 말아야 한다. 그가 직접 물감을 던져 만든 '투화'가 벽에 걸려 있다. 고무풍선에 형형색색 물감을 넣어 만든 컬러볼을 시속 150킬로미터 강속구로 캔버스를 향해 직접 던져 만든 작품이다.

가장 눈길을 끄는 건 한 전시실, 그가 쓰던 마우스피스다. 투수는 그냥 던지는 게 아니다. 이를 악물고 던져야 한다. 이가 상할 수 있으니 당연히 마우스피스를 물기도 한다. 낡아서 찢어지기도 한 실리콘 재질의 마우스피스. 편하게 미디어 앞에선 늘 웃고 있는 그지만, 그는 그렇게 이를 악물고 인생을 살아왔던 것이다.

4장

The Hidden Tools

행운을 부르는
케렌시아 법칙

그대만의 '케렌시아'를 찾아라

스님

혜민

수백 명의 인생 타이탄들을 만날 때마다 나는 습관처럼 묻는다. "머릿속이 너무나 복잡할 때, 수백만 가지 생각이 나를 괴롭힐 때, 어떻게 합니까?" 그들의 답변은 한결같다. 잠시 일상을 떠나 있으라. 훌쩍 여행을 떠나라. 물론 알겠다. 빛의 속도로 우리를 밀고 가는 일상에서 잠시 떠나 자신만의 시간을 가지라는 것. 하지만 이것만으론 부족하다. 그들의 답변이 2퍼센트 부족하게 느껴지는 건 'Where(어디로)'와 'How(어떻게)'가 빠졌기 때문이다. 이런 나에게 머리를 쾅 때린 '해답(정답은 아니다. 다양한 해법 중 하나인, 해답이다)'을 준 이가 혜민 스님이다. 혜민 스님은 이 Where와

How를 단 한 문장으로 풀어 버렸다. 당신만의 '케렌시아 *Querencia*'를 찾으라는 것. 혜민 스님이 힐링 아지트로 꼽는 케렌시아. 도대체 이 케렌시아의 정체는 뭘까.

나만의 힐링 아지트

"여러분은 혹시 자신만의 안식처가 있나요? 삶이 지치고 힘들 때, 그래서 본연의 자기 모습을 잃어버린 것 같은 느낌을 받을 때, 혼자 조용히 찾아가 숨을 고르며 치유의 시간을 보낼 수 있는 장소 말입니다. 스페인어로는 이렇게 다시 기운을 찾는 곳을 케렌시아 *Querencia*라고 합니다." _혜민, 『고요할수록 밝아지는 것들』

케렌시아. 스페인에서 온 이 말의 원래 뜻은 조금 살벌하다. 피 튀기는 스페인의 투우 경기에서 투우사와 목숨을 걸고 싸우다 지친 소가 숨을 고르며 잠시 휴식을 취하는 포인트를 말한다. 다시 말해 싸움소가 잠깐 쉬며 '기력을 회복하는 장소'라는 의미다. 살짝 틀어 삶에 케렌시아를 투영해 본다면 의미는 더 와 닿는다. 하루하루가 피 말리는 전쟁터 같은 초고속 삶. 냉혹한 이 삶의 정글에서 내가 유일하게 조용히 찾아가 치유할 수 있는 피난처라고 보면 되겠다.

가끔, 그런 곳이 있다. 머릿속이 복잡해 어떤 카페를 갔는데, 묘하게 창가의 두 번째 자리가 마음이 편한 거다. 앉아서 커피 한 잔을 하는데 그렇게 평온할 수가 없는 거다. 바로, 여기다. 이런 포인트가 바로 '케렌시아'다.

삶을 살아가면서 나만의 케렌시아의 발견은 유용하다. 그냥 '편한 곳이구나'라고 느끼는 것과 '아, 이곳이 바로 케렌시아야' 하고 받아들이는 것과는 차원이 다르다. 케렌시아라고 자신의 의식이 콱 찍히는 순간, 그곳은 힐링 아지트로 변한다.

혜민 스님의 케렌시아 활용법 제1원칙은 이렇다. 케렌시아를 멀리서 찾지 말 것.

행복, 안정감, 힐링을 주는 케렌시아는 멀리에 있지 않다. 불안하고 힘든 삶 속에서 버티려면 자기 주변의 케렌시아를 여러 곳 찾아내라고 주문한다.

사실 혜민 스님의 인생을 바꾼 여행 포인트(케렌시아)도 알고 보면, 멀리 있지 않고 가까운 곳에 있다.

구체적이면서 명확한 케렌시아를 찾아라

혜민 스님은 한 칼럼((나만의 소확행))에서 행복을 이렇게 정의한다.

"행복은 집이나 자동차같이 비싸고 갖기 어려운 대상들을 소유하고 나서 느끼는 감정이 결코 아니다. 지금 현재 시간을 내가 어떻게 온전히 쓰는가, 자연의 변화를 감상할 수 있는 마음의 여유를 스스로

에게 부여했는가가 관건이 된다.”

온전히 내 시간을 쓸 수 있는, 마음의 여유를 가질 수 있는 순간이 행복을 느끼는 순간이라는 의미다.

참으로 맞는 말이다. 여행이란 것도 그렇다. 여행을 가서 온전히 내 시간을 가지고, 마음의 여유를 가졌다면 힐링이 된 것이다. 반면 같은 코스, 같은 일정, 같은 팀으로 함께 여행을 갔는데 어떤 사람에겐 그 여행이 고역이 되기도 한다. 온전히 내 시간을 가지지 못했고, 마음의 여유를 가지지 못한 탓이다.

그러니 케렌시아 공간의 제1조건은 ‘오롯이 자신만의 시간을 가질 수 있는, 그러면서 마음의 여유를 가질 수 있는 공간’이다.

뉴욕에 기거할 때, 혜민 스님의 케렌시아는 멘토 스님이 기거했던 ‘불광선원’이었다고 한다. 20년 전 행자승 생활을 시작한 고향 같은 곳이니, 그에겐 제법 덩치가 컸던 매머드급 케렌시아였던 셈이다. 불광선원은 한국으로 치면 서울 종로의 조계사 같은 느낌이다. 뉴욕의 마지막 자락 테판*Tappan*에 둥지를 트고 있는 불광선원. 뉴욕에 사찰이 있는 것도 특이한데, 이곳은 미국 독립전쟁 사령부 부지로 사용된 역사적인 의미도 지니고 있다. 사찰도 혜민 스님을 쏙 빼닮아 소박한 분위기다. 내부 건물은 2009년 개원 20주년 때 건립한 범종, 부처 진신사리를 모신 탑, 관음전 정도가 다다. 뉴욕 뉴저지 인근 사찰 중에선 유일하게 한국 학교도 운영하고 있다. 한국에서는 여러 곳에 세를 넓히고 있는 마음치유학교가 이 역할을 하고 있다.

여기서 잠깐. 케렌시아의 추상적인 의미는 알겠다. 오롯이 자신만의 시간을 가질 수 있는 곳, 그러면서 마음의 여유를 가질 수 있는 공간. 그렇다면 그런 곳을 어떻게 찾으라는 말인가.

혜민 스님은 강조한다. 케렌시아는 정밀하고 세밀한 장소여야 한다는 것을. 여기서 케렌시아 공간의 제2조건이 나온다. 구체적이면서 명확한 케렌시아를 찾을 것. 그리고 여기에 또 하나의 조건이 붙는다. 그 케렌시아가 꼭 장소가 아니어도 된다는 것이다.

혜민 스님은 말한다.

"(나에겐) 차를 마시며 좋아하는 라디오 음악 프로그램을 듣는 시간도 케렌시아가 될 수 있습니다. 마음에 드는 새로운 음악을 만날 땐, 우연히 길에서 보물을 주은 느낌이 듭니다."

라디오 음악 프로그램을 아무거나 선택해 듣는 것도 아니다. 구체적이면서 명확한 케렌시아의 정체를 강조하듯, DJ 전기현이 진행하는 〈세상의 모든 음악〉이나 DJ 강민석이 '울림' 라디오 앱으로 전하는 〈소울 케이크〉가 그의 케렌시아 프로그램이다.

이런 식이다. 막연히 자신이 살고 있는 집 앞의 카페가 좋다는 정도로 그곳을 케렌시아라고 말할 수 없다. 그 카페의 '창가 쪽, 왼

쪽에서 두 번째 의자'라고 특정해야, 그곳이 케렌시아가 된다는 의미다. 어떤 이에겐 자신의 자동차 운전석에서 노브레인의 〈넌 내게 반했어〉를 듣는, 딱 그 순간이 케렌시아일 수도 있고, 또 다른 이에겐 매번 가는 도서관의 복도 자리 세 번째 탁자의 가운데 의자에 앉아서 믹스커피 한 잔을 마시는 딱, 그 순간이 케렌시아일 수 있는 것이다.

자, 그렇다면 이건 어떨까. 이런 힐링 아지트, 힐링의 순간, 케렌시아가 하나가 아니라 여러 개라면? 여기서 케렌시아 공간의 제3조건이 등장한다. 여러 개의 케렌시아를 만들 것.

여기서 잠깐 혜민 스님의 행복론을 들여다보자. 혜민 스님은 여러 강연을 통해 '행복의 빈도' 의미를 강조한다. 일상 속에서 작고, 작은, 여러 번의 '행복 조각'들이 모여 거대한 '행복 덩어리', '행복 에너지'를 만든다는 설명이다.

"행복은 빈도다. 어떤 것이든 케렌시아가 된다. 굳이 장소가 아니어도 된다. 여러 개의 케렌시아를 만들수록 행복감은 높아진다."

혜민 스님의 케렌시아

그렇다면 혜민 스님이 으뜸으로 꼽는 그만의 케렌시아는 어디일까 궁금해진다.

마음의 요동이 클 때, 그가 습관처럼 찾는 곳은 해남 땅끝마을 미황사다. 가는 수고로움이 많은 만큼 얻어 가는 게 많다고 그는 말한다. 오죽하면 『고요할수록 밝아지는 것들』이라는 책에 따로 '미황사의 아침'이란 챕터를 만들었을까.

미황사를 병풍처럼 둘러싼 달마산의 존재감에 자연의 힘이 느껴진다는 점을 으뜸 매력으로 꼽지만, 그는 오히려 미황사의 소박함에 주목한다.

단청이 다 벗겨져 세월의 흔적이 덧씌워진 상태가 오히려 정겹고, 작은 불상의 크기나 아담한 모양이 조상 어르신 모습처럼 친근하다고 말한다. 미황사에서 보는 감홍빛 저녁노을은 바라만 봐도 요동치던 마음이 잔잔해지고, 바다의 수평선과 듬성듬성 떨어진 남해의 섬들 사이에서 '떨어짐의 묘미'를 발견한다. 미황사 주지 금강 스님의 방에서 발견한 서화에 '나를 보호해 주는 크고 부드러운 손이 있다'는 문구도 반갑다. 불교도에겐 부처가, 기독교인에겐 하느님이, 종교가 없는 이들에겐 든든한 부모님이, 부모가 없다면 버팀목이 될 든든한 자신의 자존감이, 그렇게 항상 '부드러운 손'이 되어 준다.

필자 역시 힐링 여행지 1순위로 꼽는 곳이 땅끝 미황사다. 이유가 있다. 새벽안개가 걷히면 드러나는 흰 빛의 수직 암봉 풍광 때문만이 아니다. 그 힘들다는 삼천배도 이곳에선 딱 3초 만에 이룰 수 있다. 어떻게? 미황사 대웅전엔 천불 벽화가 있다. 1천 개의 불상.

그러니 딱 절 세 번만 하면 삼천배다.

사실 땅끝은 인생에서 바닥을 쳤을 때 찾는 여행지다. 희망을 잃어 이곳에 오는데, 묘하게 그 땅의 끝에서 희망을 찾아 다들 돌아간다. 땅끝탑 아래엔 방명록이 놓여 있다. 이곳을 찾는 이들은 땅끝탑에서 인증샷만 찍고 돌아가지만, 나는 늘 이 방명록을 읽어 보라고 권한다. 핵심 내용들은 이렇다. '끝에서 다시 희망을 보고 간다. 끝은 또 다른 시작이다. 극과 극은 통한다. 인생 지하 3층 바닥은 지하 4층 입장에선 꼭대기다, 상대적으로 나음을 알고 간다' 등. 혜민 스님도 이 의미를 느끼며 전파하고 싶으셨으리라.

혜민 스님에겐 '작은' 케렌시아도 여럿이다. 그중 뜬금없이 머리가 복잡할 때 찾는 곳이 삼청공원이다. 그는 이렇게 설명한다.

"더불어 나만의 케렌시아, 쉼의 공간인 삼청공원을 걷고 있을 때도 참 행복하다. 삼청공원 안에는 나무 다섯 그루 아래 물소리를 들으며 쉴 수 있는 예쁜 벤치가 하나 있는데, 그곳에 잠시 앉아 새소리를 들으며 햇빛에 반짝이는 나뭇잎을 보고 있으면 마음은 지극한 평화에 가 닿는다."

자그마한 동네 공원들도 그에겐 케렌시아다. 이때 중요한 게 있다. 공원에서 행복감을 찾을 땐, 그의 생각의 중심은 철저히, 타자다. 본인 중심이 아닌, 타자 중심으로 슬쩍 돌려 생각해 보는 거다.

"새소리, 너무 좋다. 햇살 비추고, 단풍 지고, 새소리 나는, 이런 자연이 너무 좋다. (내가 특별히 잘한 것도 없는데) 이렇게 자연들이 나를 위해 꽃을 피워 주고, 단풍을 만들어 주고, 지저귀고, 그늘을 만들어 주고, 소리까지 내준다. 사랑을 받는 나, 여기서 행복감과 평온함이 느껴진다."

당신만의 케렌시아 찾기. 행복 사냥의 단초로 케렌시아 찾기를 강조할 때 그는 자주 괴테의 말을 언급한다. "신선한 공기와 빛나는 태양, 친구들의 사랑만 있다면 삶을 낙담할 이유가 없다"라고 말이다.

그대, 화가 넘치시는가

해남에 요즘 뜨는 길이 있다. 이름 하여 달마고도. 백두대간 남쪽 끝에 있는 달마산 기슭을 한 바퀴 돌며 속세의 번잡함을 털어 버리는 17킬로미터 명품 치유길이다. 남해 다도해를 배경으로 미황사부터 12개 암자를 둘레에 낀 숲길. 이 길을 만든 이가 미황사 금강 스님이다. 삽과 호미, 지게, 그리고 손수레만 들고 날마다 40여 명이 함께 무려 250일 동안 만들었다는 전국 유일의 자연친화적인 산책길이다. 금강 스님의 변이 놀랍다. 마치 물이 계곡을 휘감아 돌 듯, 가장 자연스러운 산길을 만들고 싶었다는 것. 그래서 이름도 미리 정했다. 달마고도 達摩古道. 달마의 원음 '다르마'는 부처의 '법'이라는 뜻이다. 엄격해 보이는 '법法'이라는 글자도 이를 파자하면 물 수水와 갈 거去. 그래서 이 길, 날이 없다. 물이 흘러가듯 부드럽게 이어진다.

천년 고찰 미황사에서 시작해 달마산을 감아 도는 17킬로미터의 이고도는 걸을 때 호흡법이 따로 있다. 금강 스님이 만들어 낸 이른바 '디톡스 호흡법.' 들숨보다 날숨을 두 배 유지하면서 숨을 길게 내쉬어 몸속의 악취, 속도, 나쁜 감정의 찌꺼기를 떨쳐 버리는 식이다.

달마고도는 4개 코스다. 1코스는 미황사–암자터–큰바람재, 2코스는 큰바람재–노지랑골사거리, 3코스는 노지랑골사거리–몰고리재, 4코스는 몰고리재–인길–미황사. 총 거리는 17.74킬로미터 소요 시간은 6시간 정도다. 누구나 걸을 수 있는 평탄한 루트다. 드라마 〈추노〉 촬영지 도솔암, 해넘이와 해맞이로 유명한 땅끝과 전망대, 사구미해변, 송호해수욕 등은 꼭 찍어 보실 것.

힐링의 마디 '슈필라움' 완성법

심리학자

김정운

줄기만 거대해진 나무 둥치를 상상해 보자. 성실, 노력, 최선만 강요받고 살아온 당신의 삶이 그렇다. 쉴 틈 없이 위로만 자라 왔으니 줄기는 거대할 수 있다. 하지만 초고속 강풍이 불면 상황이 달라진다. 한방에 꺾인다. 나가떨어진다. 훅 가는 것이다. 반대로 줄기 중간 중간에 '마디'를 만든 대나무는 어떤가. 집을 통째로 날리는 태풍이 몰아쳐도 끄떡없다. 위태롭게 흔들릴 뿐, 바람이 멎으면 이내 탄력을 되찾는다. 우리 인생에 필요한 요소가 이런 '마디'다. 성실, 노력, 최선만 강요받고 미련스레 일하니, 보통 사람들은 이런 힐링의 마디를 만들 타이밍을 잊고 산다. '여러가지 문제연구소' 소장 김정운 교수는 말한다. 한방에 훅 가고 싶지 않다면 인생에 '힐링의 마디'를 만들라고.

구체적인 마디를 만들어라

그렇다면 힐링의 마디는 어떻게 만들어야 할까. 다른 거 볼 것 없다. 오로지 휴식이다. 중간 중간 쉬어 줘야 한다. 쉬면서 그 쉼의 마디에 '성실, 노력, 최선' 같은 사회가 요구해 온 수단적인 가치를 버리고 '재미, 행복' 같은 궁극적인 가치를 집어넣어야 한다.

김정운 교수는 덧붙여 말한다. 이 마디의 존재는 '구체적'이어야 한다고. 그렇다면 어떻게 구체적이어야 할까. 행복하고 재미있는 순간의 정체를 본인 스스로가 정의할 수 있어야 한다는 거다.

그는 자신의 경우를 예로 든다. 그는 자신이 사는 집의 전등을 전부 호텔 분위기가 나는 간접등으로 바꾼 적이 있다. 심지어 이불 색깔도 특급 호텔식으로 아예 화이트로 싹 바꿨다. 왜? 그게 행복하다고 느꼈으니까. 그 뒤는? 정말이지, 집에서 잠이 드는 게 행복했다고 한다.

보통 사람들은 자신이 행복한 순간이 어떤지조차 제대로 정의하지 못한다. 그저 열심히 살면 된다, 최선을 다하면 된다, 행복은 나중에 늙어서 죽을 때 찾으라는 교묘한 사회 계명에 이끌려 살아가다 보니 자신이 행복한 순간이 언제인지, 그게 어떤 순간인지조차 잊고 사는 것이다.

그가 독일에 있을 때, 한국에서 온 친구나 친지와 여행을 위해 렌트카를 한 열흘 정도 빌린 다음 5천 킬로미터 정도를 달린 뒤 반납하러 가면 렌트카 회사에서 꼭 이렇게 물었다고 한다. "한국 사람들이죠?" 하고. 구체적인 목적지를 찍고 다니는 여행이 아니라 무작정 달리다 서고, 무작정 달리다 서기를 반복하는 '점찍기' 여행을 하는 종족은 전 세계에서 한국인뿐이다. 어떤 여행을 해야 행복하고 재미있는지를 모르니 그저 차로 돌아다니다 잠들고, 돌아다니다 잠들고를 반복한다.

당신의 여행이 재미가 없는 이유? 간단하다. 당신이 언제 행복한지, 어떤 상황에서 재미를 느끼는지 스스로 알지 못하기 때문이다.

구체적인 마디 '슈필라움'

김정운 교수는 구체적인 힐링의 마디를 이렇게 정의한다.

슈필라움(독일어) = **슈필** *spiel* · 놀이 + **라움** *Raum* · 공간

어떤 것이든 슈필라움이 된다. 남자들이 핸들을 잡기만 하면 '돌

변'하는 자동차 공간을 볼까. 자동차는 남성들에겐 '슈필라움'이다. 사회생활로 온종일 회사에서 부대끼며 사는 남자에게 자동차 운전석은 유일한 내 공간이자 슈필라움이다. 그러니 이 공간만큼은 눈에 불을 켜고 지켜 내야 한다. 자신의 공간, 그 앞으로 끼어드는 운전자는 단순히 '노매너' 진상이 아니라 침입자에 가깝다.

그는 말한다.

"그래서 자동차만 타면 절대 안 비켜 주는 거다. 남자에게 존재가 확인되는 유일한 공간은 자동차 운전석이다. 자동차 운전석만이 내 유일한 슈필라움인 게다. 내 앞 공간을 빼앗기는 것은 '내 존재'가 부정되는 것과 마찬가지다. 그래서 그렇게 분노와 적개심에 가득 차 전전긍긍하는 것이다."

운전대만 잡으면 양보란 절대 있을 수 없는 이 심리도, 남성들이 한 종합편성 채널의 〈나는 자연인이다〉 프로그램에 열광하는 것도, 공중화장실 소변기 앞에서 침을 뱉으며 영역표시를 하는 것도 다 이 슈필라움 심리에서 나왔다고 김 교수는 설명한다.

그렇다면 자신이 살고 있는 집은 어떨까.

부동산 혹은 집이라는 공간(슈필라움)에 목숨 걸고 살아온 한국인이라면 세상에서 가장 행복을 주는 존재가 바로 집이 아닐까. 그러나 현실은 그렇지가 않다. 한국인에게 집은 진정한 슈필라움과는 의미가 다르다. 한국인은 집을 재테크 수단, 즉 사용 가치가 아닌 교환 가치에 집중해 왔다는 것. 안타깝지만 집의 존재는 슈필라움이 되지 못한다는 것이 김 교수의 지론이다.

그는 『바닷가 작업실에서는 전혀 다른 시간이 흐른다』라는 자신의 저서에서 "한국 사회의 모순은 무엇보다도 주택이 '사는 곳(사용 가치)'이 아니라 '사는 것(교환 가치)'이 되면서부터라고 나는 생각한다. (…) 이 나이에도 내 '사용 가치'가 판단 기준이 되지 못하고, 추상적 '교환 가치'에 여전히 마음이 흔들린다면 인생을 아주 잘못 산 거다"라고 언급한다.

제대로 된 힐링이 가능한 공간 '슈필라움'을 찾아내야 사회적 스트레스에서 벗어나 쉴 수 있다고 강조한다.

금전적 문제를 잊고 뇌를 내려놓고 그저 쉴 수 있는, 그러면서 인간이 자기다움을 찾을 수 있는 최소한의 공간 슈필라움. 그걸 갖지 못해 다들 그렇게 화나고 아프고 괴로운 것이라고 그는 말한다. 툭하면 남자들이 술자리를 옮겨 다니며 밤거리를 헤매다 사우나에서 자는 것도, 2030세대가 집 놔두고 블루보틀 같은 카페에서 몇 시간씩 줄 서서 커피 한 잔 마시려는 것도 슈필라움이라는 공간에 목이 말라서라고 말이다.

김정운이 찾은 슈필라움

김 교수의 인생을 바꾼 슈필라움은 어디일까. 김 교수가 찾아낸 슈필라움은 여수다. 2012년 돌연 자신이 떠밀리듯 살아왔다고 반성하며 여수로 떠났다. 그는 입버릇처럼 말했다. 나이 오십을 넘기면서 죽도록 하기 싫은 일이 생겼다고. 예컨대 만나고 싶지 않은 사람과 만나는 것, TV 채널을 1번부터 100번까지 돌려보며 등장인물 욕을 하는 것. 정신을 차리고 보니 싫다면서도 계속 '그 짓'을 하고 있었다는 거다. 정반대로 꼭 하고 싶은 일도 생겼다. 평생 사 모은 책을 근사한 책장에 꽂아 놓기. 원 없이 그림 그리는 일. 그때 무릎을 탁 쳤다. '그게 공간 충동이었다는 것.' 공간 충동에 대한 고민은 슈필라움에 대한 철학적 사유로 이어졌다.

"미친놈 소리 들으면서 있는 돈 다 털어서 여수까지 내려온 거죠. 뭔가에 홀린 듯 창고를 샀고, 작업실을 만들어 버렸어요. 이게 다 공간

충동 때문이었죠."

그렇게 해서 만든 작업실이 여수 '미역창고美力創考'다. '아름다움의 힘으로 창조적인 생각을 한다'는 뜻이다. 100평 정도의 낡은 창고를 시세보다 두 배 가격을 주고 사는 바보짓 끝에 완성했다는데, 그의 표정은 밝기만 하다. 자신만의 슈필라움을 찾은 행복이 스며들어 있다.

그가 펴낸 책 『바닷가 작업실에서는 전혀 다른 시간이 흐른다』엔 이 슈필라움에 대한 깨달음이 담겨 있다. 왜 여수 남쪽 섬까지 갔는지에 관한 이야기로 시작하지만, 결국 대한민국 밑바닥에 흐르는 고통과 분노의 뿌리가 무엇인지 묻는다.

그렇다면 왜 하필 여수였을까. 그는 한 칼럼에서 '천국의 생활'을 빗대 여수의 슈필라움에 대해 말한 적이 있다. 천국이 있다면 아마도 해가 지는 바닷가에 대한 이야기만 할 것이라고(본인이 천국에 가면? 아니면 천국에서?). 왜냐? 남 욕하는 이야기, 돈 버는 이야기는 할 필요가 없기 때문이다. 그는 여수 남쪽 섬 '미역창고' 앞 해 질 녘을 이렇게 표현한다.

"매일 해가 진다. 동해 바다나 제주 바다 석양과는 차원이 다르다. 수평선이 한없이 펼쳐지는 망망대해는 처음에만 멋있다. '와' 했다가는 이내 심드렁해진다. 눈길을 둘 곳이 없기 때문이다. 그러나 '나비처럼 생긴 여수'의 바다는 다르다. 섬이 무지하게 많아 시선을 멈추기가 힘들다. 갯벌에 물이 드나드는 모습만 보고 있어도 하루가 훌쩍

지나간다."

어찌 보면 인생도, 여행도 이런 슈필라움을 찾아가는 과정인 것 같다.
그렇게 많은 여행족이 길을 떠나는 것도, 새로운 여행을 꿈꾸는 것도,
이 슈필라움을 찾기 위해서일 거다.

행복하려면, 힘을 빼라

수녀

이해인

인생을 걸어볼 만한 무언가가 있는가? '거인'이라 불리는 인생 멘토들을 만날 때마다 이런 질문부터 던진다. 그럴 때마다 0.1초 만에 돌아오는 공통적인 답변이 있다. '행복.'

부도 아니고, 건강도 아니고 행복이다. 인생 멘토들은 삶의 가치를 딱 두 가지로 구분한다. 열심, 노력, 성취, 목표 같은 단어로 표현이 되는 수단적 가치와 행복, 재미 같은 궁극적인 가치 두 가지다.

수단적인 가치는 글자 그대로 삶을 살아가는 데 그저 수단이 되는 가치를 말한다. 이 수단적 가치들은 인생 전반전을 살아가는

데 필요충분조건이 된다. '열심이 노력해서 목표한 바를 이뤄야 한다. 무조건 앞만 보고 달려라. 후퇴는 없다'와 같은 계명이 삶을 지배하니, 머릿속에 행복이나 재미 같은 궁극적인 가치들이 끼어들 틈이 없다.

하지만 삶의 전반전이 끝날 때 즈음 비로소 알게 된다. '열심, 노력, 성공을 위해 앞만 보고 달려왔는데, 지금 도대체 내가 무얼 하고 있는 거지' 하는 거대한 의문이 뇌를 덮쳐 오는 순간이다. 이 순간이 삶의 전반전과 후반전 사이의 짧은 휴식 타임이다.

숨을 고르고 삶의 후반전에 뛰어들면 그제야 알게 된다. '아, 지금까지 내가 살아온 건 수단적인 가치를 위해서였구나. 그 위에 행복과 같은 궁극적인 가치가 있었는데, 그것을 모르고 살아온 거구나' 하고.

이 행복에 대한 제대로 된 정의를 내려줄 분이 있다. '국민 이모'로 불리는 인생 멘토 이해인 수녀다. 〈민들레 영토〉를 시작으로 시(詩) 하나를 통해 수많은 국민에게 삶의 궁극적 가치인 '행복'에 대해 잔잔한 울림을 준 이해인 수녀. 행복해지는 방법론에 대해 그녀보다 정확한 정의를 내려줄 이가 세상에 있을까. 사실 여행은 행복과 떼려야 뗄 수 없는 조합이다. 자, 그럼 어느 날 기적처럼 찾아온 이해인 행복론을 들어보자.

기적 같은 인연, 해인을 만나다

작년 가을 즈음이다. 휴대폰 카톡 알림음이 울려 쳐다봤는데, 사진 네 장이 뜬다. 해인 수녀님의 카톡 메시지. 게다가 손때, 아니 '디지털 때' 묻은 수녀님의 사진이다. "일이 있어 서울 왔다, 부산으로 가는 열차 안입니다." 이해인 수녀님에게 직접 받는 메시지라니.

사연인 즉 이렇다. 지난 9월 부산에 태풍이 덮쳤던 날, KTX 옆자리에 수녀님 한 분이 앉아 계셨다. 고운 자태로 잠깐 후광 같은 걸 본 느낌인데, 몹시 피곤한 터라 바로 잠이 들었다. 꿀잠을 자고 눈을 떴는데 내 자리 앞에 어느 승객 한 분이 『행복』이라는 책을 들고 주뼛거리고 계신다. 아래에 박힌 이름 석 자, 이해인. 그렇다면? 옆자리에 앉은 사람이 해인 수녀님이라는 사실을 그제야 알아챘다. 편하게 사인을 받으시라고 전화를 받는 척, 자리를 떴다. 이런 인연이 있은 이후 신문 지면에 모시고자 이메일을 보냈는데 덜컥, 답장을 받았다. 다시 답 메일을 보내면서 전화번호를 남기고 'KTX 옆자리 지인 찬스'로 꼭 한번 찾아뵙겠다고 했는데, 불쑥 톡으로 먼저 '행복'을 밀어 넣어 주신 거다. 그녀의 행복론 1계명이 이런 식이다. '먼저 다가가야, 행복이 밀려온다.'

행복론 1계명 | 선행복론

선先행복론. 그녀의 행복론 1계명이다. 먼저 대접을 해야 행복이 밀려온다는 의미다. 그녀는 지금도 부산 '해인글방'에 날아드는 손편지에 일일이 답장을 한다. 답장을 받을 기대조차 하지 않고 그저 해인이 좋아 보낸 편지인데, 수녀님이 직접 쓴 답장을 받은 이들은 생각지 못한 '행복 레터'를 받는 셈이다. 기자에게 보낸 문자메시지에도 행복을 시처럼 꾹꾹 눌러 적어 주신다.

"레일 로드 같은 인생길인데, 18칸 중 같은 칸에 탄 건 아주 드문 인연이죠. 좋은 기사도 많이 쓰세요."

선행복론은 선물을 대하는 그녀의 모습에서 고스란히 드러난다. 해인글방을 방문해 본 이들은 안다. 뭐든 내어준다. 잠시도 가만히 있지 않고 다과가 떨어지면 또 들고 나와 주고 또 준다.

그러면서 꼭 하는 말씀이 있다. "애독자가 보내준 선물이죠. 나한테 보낸 선물들은 이렇게 돌고 돌아요."

누군가 수녀님을 기억해서 보낸 작은 선물은 수녀님을 찾는 이들에게 또 이렇게 건네지게 된다. 행복도, 선물도, 먼저 주니 이렇게 돌아간다. 선행복론은 행복 서클의 파동을 타고 세상에 긍정 바이러스로 퍼진다.

해인 수녀님이 아침 묵상을 하면서 습관처럼 매일 생각하는 이미지가 있다. 그날 자신이 만날 사람들을 떠올리며 그 사람에게 줄 것을 생각하는 것. 실제로 그것을 받은 사람들이 기뻐하면 다시 자신에게 큰 기쁨으로 돌아온다는 선행복론의 습관화다.

행복론 2계명 │ 일상 황홀론

범사에 감사하라는 말처럼, 일상에서 만나는 작은 것 하나하나에서 행복의 요소를 콕 집어 찾아내라는 '일상 황홀론.' 해인 수녀가 일상 행복론의 단초를 찾아낸 곳은 공교롭게도 암 투병 시기다. 그녀는 지금도 대장암 투병 중이다. 방사선 치료는 끝났지만 지금은 1년에 한 번씩 검진하고 있다.

속을 뒤집는 고통, 손발까지 움직이기 어려운 그 당시를 떠올리며 그는 세상을 보는 프레임을 틀어 버린다.

"상대와 비교하지 말라고 하잖아요. 바닥을 쳤을 때 정말 힘든 고통을 겪었다면, 오히려 그것과 비교하면 마음이 편해져요. (투병 당시와 비교하면) 지금 이렇게 잘 걷고 말할 수 있는 현실이 황홀해요. 일상의 황홀함인 거지요. 스스로 늘 생각합니다. 수도자로서의 삶이 엄격하지만 이 안에서도 동료와의 대화 같은 일상은 황홀하다고. 구두를 신는 것도 황홀하죠. 병원에서 슬리퍼 신고 링거 달고 다닐 때 신발 신고 왔다 갔다 하는 것이 얼마나 부러웠는지 모릅니다. (그렇

게 느끼고 나면) 뭐든지 마음껏 살아가야지, 배려해야지 싶은 마음이 듭니다."

사실 이런 생각은 유지하기 어렵다. 작은 것 하나하나에 행복감을 느껴야지 하면서도 지나면 잊어버린다. 그는 강조한다. 이 순간이 마지막인 것처럼, 늘 순간 속에서 영원히 사는 연습을 하라고.

많은 이가 그녀에게 "수녀님은 어떻게 그렇게 투병을 하면서도 명랑한가요?"라고 묻는다. 대답은 한결같다. "큰 게 없어요. 사소하고 작은 마음가짐이죠."

행복론 3계명 | 힘을 빼라

일상의 모든 일에 힘을 뺄 것. 해인 수녀님이 강조하는 행복론 3계명이다. 안달복달할 것 없다. 그저, 힘을 빼고 가만히 그 상황을 보고 있으면 결국 상황은 나아진다는 '유연함의 역리'다.

그는 한 언론사와의 인터뷰에서 항암 치료를 했던 당시 일화를 고백한 적이 있다. "(방사선 치료는 힘 빼기 치료입니다) 치료를 받을 때 옆방에서 30분간 힘 빼는 연습을 해야 했죠. 힘을 빼야 방사선이 몸에 들어갈 수 있거든요. 그때 옆방에 있던 김자옥 씨가 내가 안쓰러웠던지 치료받을 때 '하느님께서 빛이 있으라 해서 빛이 있었다'를 생각하라고 했어요."

수녀인 그에게 그와 같은 조언을 하다니. 실제로 해인 수녀는 항암 치료의 고통 속에서도 '힘을 뺀다'는 생각 하나만 했다. 그는 말한다. 힘을 줘서 좋은 것은 사랑과 봉사뿐이라고. 그 외 인생을 살면서는 모든 것에 힘을 빼라고.

어차피 한 번 살다 가는 인생인데 아등바등 살 필요도 없고, 안달복달 소유하려고, 물욕을 채우려고 애쓸 필요도 없다는 거다. 몸에 힘이 빠지면 마음도 유연해진다. 한결 편해진다.

하지만 힘을 뺀다는 일이 쉽지 않다. 우리는 안다. 막상 병원에 가서 주사를 맞아 보면 간호사가 습관처럼 하는 말이 있다. "힘을 빼라"라고. 오죽하면 『힘 빼기의 기술』이라는 책까지 나왔을까.

그 책의 한 대목이 이렇다. 힘을 빼는 건 생각보다 어려운 일이다. 줄 힘이 처음부터 없으면 모를까, 힘을 줄 수 있는데 그 힘을 빼는 건 말이다. 하여간 힘 빼기의 기술은 미묘한 고급 기술이다.

그러고 보니 구원을 얻으러 온 이들에게 '국민 이모' 해인의 눈은 늘 이렇게 말하고 있다. 사랑과 응원의 뜻을 담아 '힘내라'라고 말하는 게 아니라 '힘빼라'라고 말이다.

행복론이 살아 있는 해인글방

홍콩 도심의 마천루처럼 하늘 높은 줄 모르고 건물들이 들어선 부산 광안리 해수욕장. 그 대로변에서 불과 100여 미터 떨어진 곳에 '해인글방'이 있는 성 베네딕도 수녀원이 수줍은 듯 둥지를 틀고 있다. 하늘로 쭉쭉 뻗은 플라타너스 나무들이 경비병처럼 지키고 선 입구가 보인다. 살짝 발을 들여놓으면 거기서부터 딴 세상이다. 수백 년 세월을 품은 거대한 나무들과 온갖 야생화들이 무리를 지은 수녀원. 빛의 속도로 질주하는 도심 한가운데 이런 공간이 있다는 사실 자체가 경이롭게 느껴지는 곳이다.

성당 아래쪽에 있는 '언덕방'은 작가 박완서가 아들을 잃고 상심에 젖어 찾아와 한동안 머물며 회복을 경험했던 공간이다. 인생사에 찌든 많은 이들이 이 방에 묵기를 갈망하지만 방이 두 칸밖에 없어 묵기가 쉽지 않다. 수녀원 한쪽에 해인글방이 자리하고 있다. 수녀님의 개인 집필실이자 케렌시아 같은 공간이다. 글방 안은 수녀님의 행복 글에 위로받은 사람들이 보낸 선물들로 가득 차 있다. 대부분 타국을 여행하다가 구입한 인형, 예쁜 엽서, 수녀님의 시로 만든 책 같은 소박한 선물들이다.

그러고 보니 이곳, 해인 수녀님의 행복론을 닮아 있다. 화려함으로 가득한 도심들과 달리 힘을 빼고, 소박함으로 치장한 곳이다.

자신을 수도자 50년, 시인 40년, 암 환자 9년을 해 온 사람이라는 해인. 그녀는 이곳에서 힘을 뺀 채, 황홀과 행복을 주며 살고 있다.

나의 인생을 바꾼 바다

이해인 수녀가 꼽은 인생 여행지는 바다다. 오랜만에 해인글방을 찾은 동료 수녀가 해인 수녀에게 "(제가 처음) 수녀님을 만났을 때와 비교하면, (지금의 수녀님은) 안팎으로 많이 넓어진 모습이에요"라고 말했을 때 해인 수녀는 이런 답을 줬다고 한다. 수도 연륜의 내공이 주는 선물이고, 늘 함께 있는 바다 덕분인 것 같다고. 매일 바다를 보고 사는데 어찌 마음을 넓혀 가지 않을 수 있겠느냐고.

해인글방이 있는 성 베네딕도 수녀원의 지척에 부산 광안리 바다가 펼쳐져 있다. 비단 광안리 해변뿐이 아니다. 모든 바다와 해변이 그녀에겐 마음이 넓어지는 인생 여행 핫스폿이다. 그녀가 한 신문의 칼럼에 쓴 바다에 대한 평가다.

"바다는 오늘도 나에게 친구처럼 어머니처럼 스승처럼 많은 이야기를 건네옵니다. 꿈에도 가장 많이 등장하는 시원한 바다, 넉넉한 바다, 그리움의 바다를 곁에 두고 사는 저는 오늘도 바다에 나가지 않고도 바다를 들고 와서 마음이 답답하고 좁아지려 할 적마다 바다를 꺼내 끌어안는 바다의 연인입니다."

마음이 답답하고 좁아지려 하는가. 그렇다면 당장 바다로 달려가 보시라.

삶이 보내는 위험 신호

강연가

김창옥

어릴 때 누구나 한 번쯤 해 본 목욕탕 잠수 대결. 자존심을 걸고 임하기에 사뭇 진지한 대결이다. 입수 전, 최대한 숨을 들이켠다. '흡' 하고, 숨 참기가 시작된다. 그리고 물속에 머리를 담근다. 세상 느리게 흘러가는 잠수 시간 1초, 2초, 3초……. 눈알이 터지고 머리가 폭발할 것 같지만 버텨야 한다. 최대한 숨을 참아야 한다. 극강의 고통. 파! 마침내 고개를 들고 물 밖으로 나와 숨을 쉰다.

인생 멘토들은 "삶도 잠수를 닮았다"라고 말한다. 의식하진 못하고 있지만 시간에 쫓겨, 일에 쫓겨 성실하지 않으면 경쟁에서 낙후될까 두려워 숨을 꾹 참고 뛰고 있다. 인생 초반전은 여유롭다. 그럭저럭 버틴다. 중반전이 지나면 가끔 포기하고 싶은 생각이 든다. 고개를 들고 숨을 쉬고픈 생각이 턱밑까지 차오른다. 하지만 참아야 한다. 아, 그리고 종반전. 마지막 숨 참기. 1초, 2초, 3초…… 그렇게 인생 카운트 시계 1분을 다 쓰면 숨이 막혀 죽을 것이 뻔한 데도, 버티고 참는다.

소통 멘토 김창옥 교수는 요즘 제주도로 내려가 해녀처럼 물질을 하며 '숨'을 쉬고 있다. 그는 진지하게 경고한다. 인생의 바다에서 너무 깊숙이 잠수해 전복 같은 노다지만 캐려다 보면 결국 숨을 너무 참아 블랙아웃 상태(의식이 나간 상태)에 빠지고 만다고.

그대, 오늘도 가쁜 숨을 몰아쉬고 있지는 않은가. 그렇다면 잠깐 멈추시라. 즉시 숨 참기를 멈추고 바다 밖으로 나와 숨을 쉬시라.

삶의 위험 신호를 감지하라

삶은 다양한 신호를 개인들에게 보내온다. 잘 풀릴 때는 내친김에 더 달리라는 에너지 신호(파란불), 바닥을 칠 때는 무리하지 말라는 경고의 신호(빨간불)를 보낸다. 다소 헷갈리는 신호가 경고등(노란불)이다. 어떤 이는 노랑 신호에 가속페달을 더 밟아 질주하고, 어떤 이들은 다음 신호를 기다려야지 하며 브레이크를 밟는다.

사고는 경고등을 무시한 채 달려갈 때 벌어진다. 가까스로 위험을 모면하고 그 신호를 지나쳐 봐야 깨닫는다. 어차피 다음 신호에서 멈추는 것이 인생이다. 하지만 인간의 본능은 이 신호를 무시하고 계속 펌프질을 해댄다.

김창옥 교수는 이런 상황을 '해녀의 물질'에 빗댄다.

"30년, 40년 이상 평생 물질을 해 온 해녀들이 가끔 사고를 당하는 경우가 있어요. 수영을 못해 죽을 리는 없거든요. 심지어 입고 있는 수트는 물에 둥둥 뜹니다. 죽는 이유는 한 가지예요. 바로 질식사. 숨을 참고 참다가 의식을 잃고 질식사를 맞이합니다."

그는 이해가 되지 않았다고 한다. 숨이 가쁘면 그냥 물 위로 나와 숨을 다시 쉬고 잠수를 하면 될 텐데, 질식사라니. 하지만 산전수전 다 겪은 해녀와 해남 고수들의 얘기를 듣고 보니 납득이 갔다고 한다.

해녀들이 잠수를 한다. 숨을 참고, 열심히 해산물을 캔다. 점점 숨이 가빠 온다. 참지 못하고 숨을 쉬러 물 밖으로 나가야지 하고 잠수를 끝내려는 순간, 꼭 대왕전복이 보인다는 거다. 숨이 턱밑까지 차오를 무렵, 더는 참을 수 없는데 하필이면 그 순간에 수십만 원짜리 자연산 전복이 보이다니. 아, 저거 하나면 우리 가족 멋진 옷을 맞춰 입을 텐데, 하며 다시 내려간다는 거다.

수면으로 잠깐 나왔다가 숨을 쉬고 다시 잠수하면 되지 않느냐고? 천만에 말씀이다. 잠깐 물 밖으로 나와 숨을 고르고 다시 내려가면 그 대왕전복은 이내 사라지고 만다는 거다. 그러니 참을 수밖에. 뇌는 산소가 부족해지면 잠깐 뇌의 스위치를 끈다. 곁에 누군가가 있다면 "야야 정신 차려" 하며 깨워줄 테지만, 물속에는 아무도 없다.

삶이란 것도 마찬가지다. 일 더미에 깔려 스트레스를 많이 받는 상황인데도 숨을 제대로 쉬지 못하고 계속 자신을 다그치다 보면, 뇌가 현실에서 스위치를 끄는 순간이 온다. 자주 깜빡깜빡하는 순간이다. 휴대폰을 손에 쥔 채 휴대폰을 찾고, 회사에서 나와 휴대폰을 꺼냈는데 그게 TV 리모컨인 경우도 있다. 삶에 경고등(노란불)이 켜진 순간 위험 신호다. 당신은 어떤가. 이 위험 신호를 감지하고 있는가, 아니면 그냥 무시하고 숨을 참고 있는가.

숨을 참고 있는가, 쉬고 있는가

대한민국 사회에서 책임감을 가지고 잘 살려면, 사회생활에서 높은 평점을 받으려면, 인생 좀 잘 살아봤다는 소리를 들으려면, 가장 중요한 삶의 수단이 바로 '숨 참기'라고 김 교수는 지적한다.

그의 숨 참기 정의는 이렇다.

숨 참기 = 하고 싶지 않은 것을 참는 것.

상위 1퍼센트의 결정적 도구

그러니 물 밖으로 나와 숨을 쉬기 위해서는 먼저 당신이 어떤 숨을 참고 있는지, 어떤 숨을 참고 살아왔는지, 당신의 숨을 차게 만든 그 '숨'의 정체를 구체적으로 알아내는 게 급선무다.

사람마다 하고 싶지 않은 일은 있기 마련이다. 누군가에겐 숨 참기의 정체가 '직장 상사에게 아부하는 것'일 수도 있고 혹은 '을의 입장이 되는 것'일 수도 있고, 어떤 이에겐 '돈을 버는 것'일 수도 있다. 또 어떤 이에겐 '가족들을 먹여 살리는 일'이 숨을 참는 것일 수도 있고, 또 다른 이들에겐 그저 '살아가는 것' 자체가 숨을 참는 것일 수도 있다.

김창옥 교수의 숨 참기(하고 싶지 않은 일)는 '강의가 재미있어야 한다는 강박'이었다고 말한다. 3시간 가까이 되는 현장 강의를 이끌어 가다 보면, 재미라는 요소가 빠지면 안 된다. 관객들의 호응을 얻으며 가슴 깊은 곳까지 울림을 전하기 위해 어쩔 수 없이 재미라는 양념을 쳤다고 고백한다.

그렇다면 숨을 참지 않고 살면 되지 않을까. 마음대로 물 밖으로 나와 숨을 쉬면 되지 않을까. 아니, 막말로 그냥 물 밖에 나와서 편히 숨을 쉬면 되지 않을까.

이런 부류를 그는 이렇게 정의한다.

숨을 참고 살지 않는 사람 = 하고 싶은 대로 하는 사람 = 제멋대로 사는 사람 = 주변 사람을 절대 고려하지 않는 사람.

그러니 사회생활을 한다는 것 자체가 '잠수'라고 보면 된다. 유치원부터 대학까지 이어지는 학창 생활의 잠수에선 나름 지켜야 할 교칙과 에티켓의 룰(숨 참기)이 있고, 사회생활이 본격화하는 직장생활의 잠수에서는 출퇴근 시간, 위계질서, 책무 같은 기본적으로 지켜야 할, 참아야 할 숨이 있는 거다.

중요한 것은 숨 참기의 정도다. 학창시절 잠수건, 사회생활 잠수건, 어느 정도 숨이 차면 물 밖으로 나와 숨을 쉬어야 하는데, 이걸 깜빡깜빡 잊어버리는 거다. 노력, 최선, 열심만 강요당하다 보니, 스스로 숨 쉴 타이밍을 잊는 경우도 있고, '숨을 쉬어야지' 하며 물 밖으로 나가다 대왕전복을 발견하고, 다시 잠수를 해 버리는 경우도 많다.

가끔은 숨을 쉬어라

김 교수는 말한다. 스스로 목숨을 끊는 안타까운 분들은 갑작스럽게 충동적으로 그런 일을 저지르는 것이 아니라고. 오래전부터 숨을 참고 살아왔고, 결국 물 밖으로 나와 숨을 쉬지 못한 것이라고.

그러니 당신은 당장 이 책을 덮고, 두 가지를 생각해 봐야 한다.

1. 무엇을 따려고 살아왔는가 = 나는 숨을 참고 깊은 심해에 들어가 무엇을

따려고 인생을 살아왔는가.

2. 숨 쉬는 사람인가, 숨을 참지 못하는 사람인가 = 참고 사는 사람인가, 제 멋대로 사는 사람인가.

하고 싶은데 안 하고, 하기 싫은데 하고. 당신이 이런 부류라면 당신은 숨을 참고 사는 사람이다. 여기서 중요한 것은 지속적인 숨 참기의 여부다. 숨을 쉬어야 할 타이밍에 무언가를 따려고 더 깊이 들어가니 탈이 난다. 이런 탈나는 부류들은 꼭 이런 말을 듣는다고 김 교수는 말한다.

"착한 자식. 착한 부모. 착한 와이프. 착한 직장선배. 착한 신입직원."

어떤가. 당신에게 '착한'이라는 수식어가 붙어 있다면 일단 숨 참기를 멈출 타이밍을 한 번쯤은 생각해 봐야 한다. 삶이 주는 위험 신호를, 그 경고등을 무시하면 안 된다.

물론 숨을 참고 사는 것도 좋다. '착한'이란 수식어, 얼마나 매력이 있는가. 하지만 중요한 것은 정도고, 타이밍이다.

숨이 가쁠 무렵에 등장하는 대왕전복에 대해서도 경계심을 품어야 한다. 숨을 쉬어야 할 타이밍에 등장하는 대왕전복. 대부분이 승진, 즉 인생의 터닝 포인트와 맞물려 있다. 숨이 턱까지 차올라 숨을 쉬어야 할 타이밍에 이 대왕전복이 꼭 눈에 띄니 문제다. 잠깐 바다 밖으로 나와 숨을 쉬었다가 들어가면 그 찰나의 순간 이 녀석들은 사라지고 만다. 그러니 참아야 한다. 숨을 쉬는 순간 도태된다는 생각이 든다. 결국 당신은 또 숨을 참고 만다. 그리고 잠수한다. 산소호흡기도 없이 맨몸으로, 심해 잠수부가 들어가야 할 심해의 수심으로 결국 들어간다.

실제로 물질로 먹고사는 해녀와 해남들은 절대 가져서는 안 될 제1의 요소로 '탐욕'을 꼽는다. 젊은 해녀 해남들이 "보이니깐 주워 온 건데, 왜 뭐라고 하세요?"라고 되물으면 고참 해녀 해남 멘토들은 그저 웃으며 이렇게 말해 준다. "욕심 부리지 마라, 탐욕 부리지 마라. 눈 돌아가면 숨 쉬는 거 잊어먹고, 그러다 죽는다."

물질도, 인생도 마찬가지다. '하나만 더' 하고 욕심을 부리다간 한방에 훅 간다. 그러니 이제는 바꾸시라. 이 대왕전복을 따지 못했어도 또 다른 전복이 나오는 게 인생이다.

이제는 물 밖으로 서둘러 나가시라. 숨을 쉬시라. '파하' 하고 크고 깊은 심호흡을 하시라.

비로소 숨을 쉬는 곳

김창옥 교수는 실행력을 강조한다. 강연을 듣거나 철학을 배워도 그
것을 내 삶에 적용하지 않으면 영혼의 지방이 된다고 강조한다. 특히
힐링 관련 강연이나 자기계발서, 종교, 영혼을 치유하는 다양한 책들
은 고칼로리라고 그는 말한다. 삶에 직접 적용해 보지 않으면 내장지
방으로 쌓이고 만다. 그래서 그는 제주도 섬으로 내려갔다. 실행을 위
해서다. 숨쉬기 프로젝트의 실천을 위해 해남 라이선스에 도전하고
있는 그는 물질에서 인생의 통찰을 찾고 있다. 직업적인 물질은 매일
하지 않는다. 한 달에 10일, 한번 할 때 3~5시간 정도가 맥스다.
매일 비즈니스로 강의에 매달려 숨 쉴 타이밍을 놓친 그는, 고향 제주
도에서 비로소 숨을 쉬고 있다. 더 큰 강의, 더 멋진 강의라는 대왕전
복을 딸 수 있었지만, 그는 숨을 택했다. 해남 라이선스라는 이번 '숨'
이 제대로 된 인생행로의 숨이 아닐지도 모른다. 하지만 그는 개의치

않는다. 숨을 쉰 것에 만족한다. 이 숨의 방향이 틀리면 어떤가. 이렇게 제대로 숨을 쉬어 보는 것 자체가 행복한데. 그리고 다른 숨도 얼마든지 있는데.

제주 숨 체험을 위해 해녀 해남의 간접 경험을 해 보고 싶다면 유네스코 등재를 추진 중인 제주 구좌읍 해녀 박물관에 가볼 만하다. 제주 해녀항일운동기념공원 내에 둥지를 트고 있다. 공원 내부에는 까무잡잡한 돌들로 정답게 쌓인 돌담이 늘어서 있다. 박물관은 제주 바다와 가장 가까운 쪽에 자리해 있으니 가슴이 탁 트인다. 전시실은 총 세 곳. 기본적인 해녀의 생활을 전시해 놓은 1전시실, 해녀의 일터와 역사, 공동체 등을 상세히 알아보는 2전시실, 실제 해녀들의 생애를 통틀어 회고와 경험담을 들어보는 3전시실이 있다.
3층에 올라가면 실제 해녀 작업장이 보이는 전망대가 있어 진짜 해녀를 만나 볼 수도 있다. 매년 9~10월 열리는 제주해녀축제에서는 다양한 체험도 마련된다.

5장

The Hidden Tools

누구도 당신을
구하러 오지 않는다

히든카드를 남겨라

스님

법륜

세계적인 작가 베르나르 베르베르는 『죽음*Depuis l'au-dela*』이라는 책에서 인간의 육체에 대해 이렇게 설명한다. 통증이 오거나 쾌감을 느끼는 순간에만 자신의 육체를 의식한다. 내향성 발톱 때문에 고생을 해 봐야 발톱이 자란다는 것을 깨닫고 위장염을 앓아 봐야 내장의 존재를 새롭게 인식하게 된다.

죽음이라는 개념도 마찬가지다. 100퍼센트 확실하게 일어날 팩트*fact*인데, 평소에는 전혀 존재감을 느끼지 못한다. 누군가 주변에 가까운 지인이 생을 떠나거나 아니면 자신이 죽을병에 걸려봐야 죽음의 존재를 마침내 깨닫고 두려워한다.

1만 시간의 법칙을 깬 인생 멘토들 역시 '죽음'에 대해서는 명확한 정의를 내리지 못한다. 일상의 해법에 대해서는 명쾌히 정의하는 그들에게도 죽음은 그저 막연한 두려움의 대상일 뿐이기 때문이다. 죽어 봐야 죽음에 대한 정의를 내릴 수 있을 텐데, 죽고 나면 이런 것이었다라고 정의할 수가 없으니 참으로 아이러니하다. 하지만 100퍼센트 확실히 일어날 일이 아닌가. 굳이 정의를 내리지 않고 그 일을 받아들이는 '자세의 문제'로 틀어 버리면 의외로 이 불안감을 쉬이 털어버릴 수 있다.

인생을 관조할 즈음이면 어느 순간 이런 의문이 들 수 있다. 어떻게 하면 죽을 때 기분 좋게 웃으며 죽을 수 있을까. 전국을 돌며 '희망 세상 만들기' 100회 강연을 실천했던 법륜 스님은 "잘 물든 단풍은 봄꽃보다 예쁘다"라며 '잘 죽는 법 다섯 가지' 지침을 일러 준다. 꼭 새겨 두시라.

욕심을 내려놓을 것

"스님, 저는 지금 나이가 7학년 1반(71세)입니다. 어떻게 하면 기분 좋게 웃으면서 죽을 수 있을까요?"

연세가 71세인 한 할아버지가 손을 번쩍 들어 질문을 한다. 조금 부족하지만 열심히 산다고 살아온 인생. 그 할아버지는 대가 없이 그런대로 잘 살아온 것 같다며 죽을 때도 기분 좋게 죽는 길을 묻는다.

스님은 답한다. "제 말을 한번 따라해 보시지요. 잘 물든 단풍은 봄꽃보다 예쁘다." 그러고는 설명을 이어 간다.

"늙을 때 잘 늙으면 된다. 낙엽이 떨어질 때 두 종류가 있다. 잘 물들어서 예쁜 단풍이 되는 것과 반대로 쭈그러져서 가랑잎이 되는 것. 봄꽃이란 건 그렇다. 생기 있고 예뻐 보여도, 떨어지면 지저분하다. 그러니 주워 가는 사람이 없다. 빗자루로 바로 쓸어 버린다. 반대로 잘 물든 단풍은 떨어져도 사람들이 주워 간다. 때론 책갈피에 껴서 오래 간직하기도 한다. '잘 물든 단풍은 봄꽃보다 예쁘다'라는 말은 '잘 늙으면 청춘보다 더 낫다' 이런 의미인 셈이다."

여기서 새로 생기는 고민은 그렇다면 잘 늙는 게 어떤 것이냐 하는 문제다. 잘 늙는 법 첫 번째 원칙은 간단하다. 욕심을 내려놓을 것.

젊어서의 욕심과 늙어서의 욕심은 다르다. 젊어서는 욕심을 내서 일을 벌이면 주변에서 야망이 있다, 패기 넘친다며 추켜세워 준다. 좋은 의미의 해석이 따라온다. 하지만 나이 들어서는 어떤가. 정반대다. 꼰대급 연령대에 접어든 뒤 이것도 하고, 저것도 하면 야망이 있다는 소리 대신 노욕을 부린다고 비아냥거린다. 급기야 추하다는 꼬리표가 달리기도 한다.

그러니 욕심은 금물이다. 욕심을 좀 내려놔야 한다. 나이 들어 욕심을 부리면 아름답게 느껴지기는커녕 추하게 보인다. 물론 아무 것도 하지 말라는 말은 아니다. 무언가 실행은 꾸준히 하되, 욕심은 부리지 말라, 이게 핵심이다.

무리하지 마라

회복력과 관련된 문제가 두 번째 원칙이다. 무리하지 마라. 사람 이라는 것이 그렇다. 30대 마인드로 50대, 60대까지 살아간다. 몸은 60에 가까운데, 마인드는 30이다. 그러니 무리하고 과로한다. 법륜 스님은 "젊을 때야 좀 무리해서 높은 산을 타거나 일을 하다가 과 로로 쓰러져도 괜찮다. 한 2, 3일 푹 쉬거나 병원에 입원하면 금방 낫는다"라고 말한다.

하지만 나이 들어서는 다르다. 회복력이 급강하한다. 늙어서 과 로하면 몸이 원상태로 돌아오지 않는다. 마치 스프링이 너무 늘어 난 뒤 복원력이 순식간에 떨어져, 여간해서는 회복이 되지 않는 것 과 마찬가지다.

"가을비와 같다고 할까요. 한번 비가 오면 확 추워지듯이 과로해서 한번 쓰러지면 그냥 팍팍 늙어 버립니다. 이건 나이 들어봐야 알게 되는 진리죠."

그러니 아무리 의욕이 있더라도 절대 과로하거나 무리하면 안 된다. 그렇다고 그저 편히 놀으라는 의미도 아니다. 체질에 맞게, 나이에 맞게 실행력을 조절해야 한다는 뜻이다. 무리하지 말라는 이 두 번째 원칙은 첫 번째 욕심을 내려놓으라는 원칙과 맥이 닿는다. 그러니 이렇게 정리할 수 있다. 무리하게 욕심을 부려 실행하지 마라. 적절함을 유지하라.

과음·과식하지 마라

잘 죽는 법 세 번째 원칙은 '소식'이다. 젊을 때는 돌도 씹어 먹는다고 말할 정도로 소화력이 좋다. 과음으로 먹은 것들을 다 토해 내도 하룻밤 사이 거뜬해진다. 나이 들어서는 천만의 말씀이다. 음식을 과하게 먹으면 건강도 해치는 데다 남이 보기에도 좋지 않다. 몸과 정신의 잉여야말로 나이 들어 가장 경계해야 할 요소다. 머릿속도 편하게 비우고 몸도 가볍게 가져가야 날렵해지고 편해진다. 그래서 과음, 과식은 잘 죽는 법의 공공의 적이다. 적게 드시라, 가볍게 다니시라.

잔소리하지 마라

잘 죽는 법 네 번째 원칙은 '잔소리 금지'다. 요즘엔 나이 든 꼰대의 전형으로 '라떼(나 때)족'을 꼽는다. '나 때는 말이야······' 하며 잔소리를 이어 가는 상사나 인생 선배를 라떼족이라고 비꼰다. 좋은 의도에서든, 나쁜 의도에서든, 잔소리는 절대 금지다. 젊은 애들이야 재잘재잘 말을 많이 하면 '귀엽다, 에너지가 넘친다'는 소리를 듣는다. 나이가 들어서라면 어떨까? 귀여울 리가 없다. 꼰대적 참견 내지 소음으로 들릴 뿐이다. 그러니 말을 줄여야 한다. 특히 잔소리는 절대 삼가야 한다.

나이 들어 잔소리가 많아지는 데는 이유가 있다. 아는 게 많아지니 어쩔 수 없다. 지식이 넘쳐흐른다. '나 때는' 소리가 절로 나온다. 이런 상황, 저런 상황을 보면 '아이고 저건 아닌데, 저러다 탈나는데' 하는 걱정이 부지불식간에 나온다. 거의 본능적이다.

이런 순간마다 그걸 입으로 표현해 버리면 안 된다. 당연히 듣는 사람은 괴롭다. 법륜 스님은 자꾸 말하고 싶다면 차라리 '염불을 하라'고 우스갯소리를 하신다. 잘 죽고 싶다고? 그렇다면 잔소리를 끊어라.

히든카드는 남겨라

'히든카드'는 남겨라. 잘 죽는 법 마지막 다섯 번째 원칙이다. 예전엔 '다 줘라'가 원칙이었다면 요즘은 세상이 달라졌다. 다 주면 절대 안 된다. 히든카드만큼은 남겨 둬야 한다. 이전 세대 때야 부모 받들고 살았고, 부모가 재산을 다 증여한 뒤에도 부모를 모시고 살았을 수 있다. 하지만 자녀들 세대는 다르다. 만약 자식이 사업하다 급전이 필요해 당신의 마지막 남은 재산인 집까지 털어줬다고 하자. 만약 그 사업마저 실패한다면 어떻게 될까. 당신 자식이야 금방 재기할 수 있지만 당신은 그야말로 길거리에 나앉아야 한다.

당신이 텐트 치고 산다고 자식들이 불쌍하게 볼까. 천만에다. 그저 추하다고 느낄 뿐이다. 늙어서 오갈 곳 없는 것만큼 추한 모습도 없다. 그러니, 절대 모든 재산을 미리 자식에게 다 털어주면 안 된다. 법륜 스님은 "만약 시골 살림을 살고 있다면 집은 남겨 두어야 한다. 논도 두세 마지기 양식이 될 건 남겨야 되고, 밭도 한 마지기 정도 채소 갈아 먹을 건 남겨 놓아야 한다"라고 잘라 말한다.

주의사항도 있다. 자식들이 아무리 죽는 소리를 해도 이 '히든카드'를 까면 안 된다는 것. 그렇게 자기 삶에 최소한의 단도리를 해 둬야 잘 죽을 수 있다고, 웃으며 갈 수 있다고 스님은 강조한다. 이게 본인만 잘 살아야 한다는 이기주의적 사고가 절대 아니라는 것도 염두에 둬야 한다. 그렇다면 히든카드의 금액은 어느 정도여야 할까. 도시에 산다면 방 한 칸은 가지고 있어야 되고, 라면이라도 끓여 먹을 금액만큼은 미리 확보해야 한다.

이기주의적인 죽음

잘 죽는 방법 다섯 가지를 알았으니, 이제 잘 죽는 것만 남았다. 그렇다면 잘 죽는 것에 대한 정의는 어떤 것일까. 대부분 사람들은 잘 죽는 것에 대해 '자는 듯이 그냥 죽는 것'을 떠올린다. 법륜 스님의 시각은 다르다. 자는 듯이 그냥 가는 것이야 말로 욕심이고, 이기주의적인 죽음이라고 정의한다.

"부모든 자식이든 남편이든 아내든, 누가 갑자기 돌아가시면 (남은 사람들의) 정신적인 충격이 너무나 큽니다. 죽은 뒤에도 쉬 안 잊힙니다. 죽은 뒤에도 그리워서 계속 웁니다. 자식은 부모한테 '효도도 제대로 한번 못 해봤다' 이렇게 울면 살아 있는 사람은 슬프지만 죽은 사람은 어때요? 영혼이라는 게 있다고 친다면, 사람이 죽은 뒤 영혼이 제대로 떠날 수 있을 것 같아요? 남은 사람이 계속 울게 되면 영혼이 못 떠납니다. 무주고혼이 됩니다."

그렇다면 어떻게 죽어야 잘 죽는 죽음일까. 법륜 스님은 (남은 사람들, 가족들에게) 애를 좀 먹이고 죽어야 잘 죽는 죽음이라는 역설론을 편다.

옛날 같으면 한 3년 병석에 누워 자식이 똥오줌 정도는 질리도록 받아내고 가야 잘 간다는 논리다. 그는 말한다. 처음에는 "아이고 어머니 아버지, 제가 못 모셨습니다." 이러다가 한 3년쯤 끌면 속마음이 '아이고, 이제 좀 가시지!'라는 생각으로 돌변한다는 것이다. 딱 그때쯤 죽으면 남은 가족들도 형식적으로 울지, 미련이 남지 않는다는 거다. "살 만큼 사셨다, 잘 가셨다." 이런 말이 절로 나온다. 이게 '정'을 떼는 과정이다. 모든 것이 초고속인 요즘은 이 기간이 3년이 아니라, 3개월 정도면 적당하다고 한다.

안 아프고 죽으면 그것은 그것대로 좋고, 아프고 죽어도 뭐 어떤가. 정을 떼고 가는 멋진 방법인데.

깨달음의 한 수를 찾아 떠나다

예능 프로그램에 법륜 스님이 등장한 적이 있다. 방송인 김제동이 참여한 템플스테이 프로그램에 멘토로 등장하면서다. 당시 템플스테이에 참가한 김제동에게 법륜 스님은 특유의 화술로 농담을 건넨다. "제동 씨는 가만히 보면 선지가 있어요. 번뜩이는 재치가 있고, 누가 안 시켜도 어릴 때부터 고기를 안 먹었고, 산을 좋아하고, 혼자 살고. 그럴 바엔 들어와서 우리랑 같이 사는 게 어때요?" 그 말을 듣자마자 그가 손사래를 친다. "저는 아직도 여자를 보면 가슴이 뜁니다. 그래서 출가할 수 없습니다."

보통 사람들이 일상의 깨달음을 얻을 수 있는 짧고 굵은, 담백한 여행 코스가 알고 보면 템플스테이다. 전국 200여 개 사찰에서 운영하는 템플스테이 프로그램은 입맛대로다. 살을 빼주는 단식형이 있는가 하면, 바둑을 두는 프로그램도 있다.

전국 유일 기氣를 받을 수 있는 '기찬' 사찰은 전남 영암의 도갑사가 꼽힌다. 조선시대 이중환이라는 자가 『택리지』라는 지리서에 '전국에서 기가 가장 센 산'으로 꼽은 영암 월출산 자락에 둥지를 튼 사찰이다. 이곳의 대표적 프로그램은 '노는 게 제일 좋아'라는 뜻의 '기氣차게 놀자' 코스. 연 4회 운영되는 '기차게 놀자' 프로그램은 월출산 홀로 걷기, 스님과 놀기 등, 활기를 불어넣는 놀이 프로그램이 주를 이룬다. 살 빼주는 단식 프로그램으로 유명한 곳은 경기도 양주의 육지장사다. 힐링도 모자라, 살까지 싹 빼준다니 말 다했다. 프로그램은 크게 세 가지로 휴식형, 체험형, 단식형이다. 최고 인기는 단연 단식형. 한 시간 쑥뜸 단지를 배 위에 얹고 힐링 타임을 보내고 나면 세상이 다시 보인다. 이곳 약수인 육각수도 꼭 맛보실 것. 몸속 찌든 때까지 싹 씻어내 준다.

지금의 행복을 유예하지 마라

의사

김여환

"당신에게 남은 3개월의 삶을 내게 파시오. 그러면 3천억 원을 주겠소."

자, 어떤가. 악마가 그대에게 묻는다. 당신의 삶 3개월치와 3천억 원을 맞바꾸자고. 그대는 어떤 선택을 할 것 같은가. 한때 사회생활을 앞둔 대학생들에게 엇비슷한 질문을 한 결과가 있다. "1억 원을 준다면 교도소에 가겠는가?"라고 물었는데 상당수가 1억 원이라면 가 볼 의향이 있다는 답변을 했다고 한다.

우리는 850만 분의 1이라는 확률의 로또나 복권 당첨에 매번 꿈을 걸면서도 100퍼센트 확률인 죽음에 대해서는 회피하고 대책을 세우지 않는다. 곰곰이 생각해 보면 잘 사는 웰빙*well-being*만큼이나 '잘 죽는 웰다잉*well-dying*'이 중요하다. 잘 죽는 일이란 어떤 것일까. 5년간 800명이 넘는 사람들에게 임종 선언을 해 온 호스피스 의사 김여환만큼 우리에게 웰다잉에 대해 잘 설명해 줄 멘토는 없을 것이다. 죽음을 전문적으로 다루는 웰다잉 멘토들은 '지금'에 집중하라고 강조한다. 내일의 행복을 위해서 '오늘(의 행복)'을 포기하지 말 것. 잘 죽기 위해 오늘을 잘 살려고 '지금' '오늘' '당장'에 집중하다 보면, 잘 살게 된다는 게 웰다잉의 역설이다. 『죽기 전에 더 늦기 전에』라는 저술을 통해 호스피스 의사 김여환은 말한다. 타인과 소통을 고민하며 그 귀한 평생을 낭비하지 말라고. 그럴 시간이 있으면 자신과의 소통에, 자신의 마음 깊은 곳에서 나오는 소리에 귀를 더 기울이라고.

심호흡을 하시라. 타인의 소리에 귀를 닫으시라. 그리고 가만히 들어보시라. 지금 자신의 마음은 어떤 얘기를 하고 있는지. 그 소리를 담은 '웰다잉 10계명'은 그래서 울림이 있다.

내일을 위해 오늘의 행복을 포기하지 마라

『죽기 전에 더 늦기 전에』라는 책 제목 뒤에 의사 김여환이 하고 싶었던 말은 '우리는 행복해져야 한다'라는 문구다. 죽기 전에, 그리고 더 늦기 전인 바로 지금 행복해져야 한다는 의미다. 그는 강조한다. 내일의 행복을 위해 '오늘'을 포기하는 어리석은 짓을 하지 말라고. 그저, 오늘은 오늘로서 즐기라는 그 유명한 문구 '시즈 더 데이즈*Seize The Days*'와도 맥이 통한다.

우리의 삶이 그렇다. 60대, 70대 은퇴 후의 삶을 위해 이 소중한 지금의 시간을 직장에서 일을 하며 성실과 노력이라는 계명에 휘둘려 남에게 바치고 있다. 자기계발서에 상투적으로 등장하는 '부자 되는 삶의 첫 번째 원칙'이 현재의 행복을 유예하라는 것이다. 5대 2의 삶, 주말 토요일과 일요일을 쉬기 위해 일주일에 5일은 뼈가 빠지게 일하는 쳇바퀴 삶을 살다 보면 늙어서 꽤 여유 있는 부자의 반열에 오를 수는 있다. 하지만 그때, 그 인생의 말년에 휠체어를 타고 행복을 누린다면 얼마나 억울한 일인가. 물론 젊어서 흥청망청 즐기라는 '즉흥적 쾌락'과 '지금 당장의 행복'은 구별되어야 한다.

죽어 가는 이들이 들려주는
영혼의 속삭임에 귀를 기울여라

그는 봉사를 강조한다. 건강할 때 그리고 일생에 한 번은 호스피스 병동에서 봉사활동을 해 보라고 권한다. 김여환의 멋진 어록이 있다. "죽어 가는 노인은 불타는 도서관, 죽어 가는 환자는 인생의 교과서"라는 말이다. 남의 죽음을 도와주면, 그들이 삶의 비밀을 작은 목소리로 속삭여 준다고 한다. 곧 죽을 환자와 죽음에 대해 이야기를 하는데, 그때 삶을 잘 살아갈 수 있는 원칙들이 보이는 이율배반적인 경험이다.

나쁜 소식도 정확하게 알자

무슨 병에 걸렸는지, 지금 진행 정도는 어떤지, 치료 목표가 어떻게 되는지 주변에서 명확히 알아야 죽음을 받아들이든, 병을 극복하든, 제대로 된 선택을 할 수 있다. 진실을 알아야 해답이 보이는 것과 마찬가지다. 김여환은 이런 시기를 예상해 평소에 성격 관리를 잘하라고 권한다. 보통 죽음에 대한 병을 앓고 있다는 소식을 접하게 되면 5단계의 과정을 거친다. 부정-불만-우울-타협-수용이다. 처음엔 '에이, 진단이 잘못됐을거야' 하며 부정하고, 그다음엔 '왜 하필 나일까?' 원망하며 분노를 표출한다. 불만이 극에 달한 뒤 우울 증상을 겪게 되고 그다음, 결국 죽음을 받아들이는 타협의 과정을 거치면서 그 병을 수용하게 된다. 평소 성격이 까칠하거나 불같은 기질을 숨기지 못한다면 보호자들은 '불만-우울'의 과정을 예상하고 진실을 숨긴다.

자신이 준비한 마지막 말을 오늘 하자

유명한 칸트의 어록 한 구절을 떠올려 보자. "새는 죽기 직전에 슬픈 노래를 지저귀지만 인간은 떠날 때 좋은 말을 남긴다"는 말이다. 인간이라면 누구나 이런 생각을 품고 있다. 죽기 전에 유언처럼 멋진 말을 해야지.

하지만 다시 생각해 보자. "사랑해, 고마워, 행복해"라고 임종 순간에 말하면, 세상을 떠나는 내가 너무 멋지고 쿨해 보일 것 같은가? 9·11테러 당시에도 건물에 남겨진 이들이 가족들에게 마지막으로 남겼던 인사가 'I love You'였다고 한다. 하지만 사람들은 이런 그대의 처지를 금방 잊는다. 이렇게 마지막에 해 줄 멋진 말, 예컨대 '미안하다, 사랑한다, 고맙다'는 말, 오늘 그리고 지금 당장 곁에 있는 사람들에게 해 주어라. 모든 삶의 갈등이 없어질 것이다.

슬픔이 불행은 아니다

암에 걸리는 것, 주식 폭락, 이혼, 죽음은 인간이 무엇보다 견디기 힘든 슬픔이다. 하지만 이를 불행으로 연결하면 안 된다.

김여환은 "슬픔으로 눈이 멀지 말아야 다른 사람의 슬픔을 볼 수 있는 포용력이 생긴다. 슬픔이 찾아왔다고 해서 인생이 온통 검은 먹구름으로 덮이지 않는다"라고 잘라 말한다. 참으로 맞는 말이다.

왜 나한테만 죽음 같은 이런 일이 빨리 닥치는 거지, 하고 자신을 불행하게 여기면 불만-우울 단계가 자동으로 찾아온다. 오히려 죽음을 자연스럽게 받아들이시라. 당신이 불행해서가 아니니까.

건강할 때 자신의 마지막을 상상하라

죽음은 자유의지를 허락하지 않는다. 잠자듯 죽고 싶다, 치매에는 걸리고 싶지 않다고 바라지만 이런 바람은 무용지물이다. 오히려 중요한 것은 자신과의 소통이라고 의사 김여환은 말한다. 인간은 평생을 타인과 소통하느라 자신을 돌아보지 않는다. 타인과의 소통도 중요하지만 그전에 우리는 자기 자신과 소통해야 한다. 특히 자신의 마지막과 소통해 보면 인생의 해답을 알게 된다고 그는 강조한다. 죽음의 상황을 바라보기보다는 마지막 순간, 가슴에 무엇을 담고 떠날지를 상상하라.

마지막 순간까지 즐길 취미를 만들어라

암 환자가 왜 죽는 줄 아는가. 지루해서 죽는다. 늙어서 왜 돌연사하는 줄 아는가. 지루해서 그렇다. 그래서 죽음 멘토들은 죽기 직전까지 나를 즐겁게 할 수 있는 취미를 만들라고 한결같이 말한다.

영화를 보는 것도, 음악을 듣는 것도 좋다. 혜민 스님처럼 자신이 좋아하는 장소, 다시 말해 케렌시아로 가서 가만히 차를 마시는 취미를 가져도 좋다. 나 자신을 위해, 그리고 가족을 위해 절대자에게 기도드리면서 시간을 보내는 것도 의미가 있다. 무엇이든 하라.

남겨진 사람을 위한 유언을 남길 것

유언은 죽어 가는 자신을 위해 하는 말이 아니다. 남겨진 사람에게 전하는 말이다. 인생을 준비하며 살았다면, 당신은 가도 당신의 재산은 남는다. 한 환자가 죽기 전에 자식들에게 재산을 나눠 줬는데, 이후 딸이 병원으로의 발길을 끊었다고 한다. 자주 들러서 늘 아버지를 보살피던 딸이었는데, 병원에 눈길조차 주지 않던 오빠에 비해 자신의 몫이 초라한 수준이 되자 마음이 변한 것이다. 의사 김여환은 죽어 가는 환자 자신을 위한 유언은 금물이라고 말한다. 남겨진 사람이 평화롭게 지낼 수 있도록 배려하는 마음을 담아 유언을 남기라고 충고한다. 죽는 것도 억울한데 떠나는 사람이 남는 사람까지 배려해야 하냐고 물을 수 있다. 나이가 많은 사람이 인생의 선배가 아니라, 먼저 떠나는 사람이 인생 선배다. 선배가 후배를 배려하는 여유를 가질 줄 아는 마음을 지니는 것이 인생의 마지막 상자를 잘 쌓는 방법이다.

남은 계명 두 가지는 조금은 전문적인 영역이다. 그 하나가 통증 조절을 잘하는 주치의를 알아 두라는 주문이다. 병도 고통도 없이 죽을 수 있다면 가장 이상적인 일일 테지만 결코 마음대로 되지 않는다. 그때마다 찾아갈 주치의 친구를 만드는 것, 그것은 인생의 보험을 드는 것과 같은 일이다. 마지막 계명은 웰다잉 보호자를 만들라는 것. 집 안에 죽음을 앞둔 환자를 둔 가족들은 안다. 가족들이 돌아가며 간병을 한다. 이는 보통 힘든 일이 아니다. 예전엔 가족 한 명이 3년 아프면 가족 관계에 금이 간다는 말이 있었는데, 요즘은 이것조차 급행이다. 누군가 3개월만 아파도, 금세 관계에 이상이 생긴다. 자신의 죽음을 편히 함께해 줄 웰다잉 보호자를 옆에 두기 위해서는 자신이 먼저 나서야 한다. 살아생전 건강할 때, 누구나 웰다잉 보호자로서 봉사를 한 번쯤 해보라고 김영환은 조언한다. 떠날 때 손을 잡아 줄 사람. 그게 우리가 세상에서 받을 수 있는 마지막, 가장 큰 선물이다.

마침표를 찍기 위한 준비

죽음은 갑작스럽다. 죽는 사람에게나 남겨진 가족에게나 모두 마찬가지다. 그래서 요즘은 다잉*Dying*을 미리 체험하고 경험해 보는 여행이 하나둘 생겨나고 있다. '웰다잉*Well Dying*' 체험이나 '힐다잉*Heal Dying*' 프로그램으로 불린다.

예상보다 재밌는 여행이다. 한 번도 경험해 보지 못한, 가상의 죽음 체험을 통해 가족과 이웃의 소중함을 미리 느껴 보는 과정이다.

사회적 기업 '아름다운 삶'은 명상수련과 함께 입관 예행연습을 해보는 '다잉 웰·리빙 웰' 프로그램을 운영하고 있다. 유언장 작성과 관련한 조언 프로그램은 서울복지재단이 운영한다. 추모 힐링 투어 프로그램을 부정기적으로 선보이고 있는 곳은 서울시설공단이다. 사전 장례 의향서도 써 보고 묘비명도 미리 작성해 보면서 자신의 삶을 돌아보는 과정이다.

체험 과정 하나하나에 의미도 담긴다. 보통 웰다잉 체험은 이렇게 이루어진다.

1. 영정사진 촬영 – 체험 준비 과정. 사진을 찍고 나면 '여태까지 잘 견뎌온' 자신을 객관적인 관점에서 한번 내려다볼 수 있다.

2. 체험 준비 강의 – 죽음 체험의 목적과 함께 마음가짐을 배우는 단계다. 죽음의 의미에 대해 미리 생각해 보는 소중한 시간이다.

3. 동영상 시청 – 단편 영상을 보면서 간접 경험을 해 본다.

4. 유언장 작성 낭독 – '마지막 편지'를 남겨질 사람들에게 적어 보는 시간이다. 마지막 순간에 가슴에 무엇을 담고 떠날지, 남겨진 가족들에겐 어떤 말을 해 줄지 미리 생각해 보는 것 자체로 의미가 있다.

5. 입관 체험 – 실전 체험이다. 유언장 작성 후 보통 '저승 계단'이라는 계단을 밟고 입관 체험관으로 이동한다. 수십 평의 공간에 앉아 평생을 살아온 당신, 그 평수를 넓히기 위해 달려온 당신, 하지만 그대가 마지막에 누울 곳은 결국 가로 50센티, 세로 2미터 남짓한 공간이다. 그곳에 미리 누워 보는 것만으로도 많은 것을 느끼게 된다. 누워 있으면 정말로 관이 닫힌다. 극적인 효과를 위해, '땅땅' 못을 박는 소리까지 들려주는 곳도 있다.

어떤가, 그대. 이 여행에 정말 도전해 봤다면 다시 한번 악마의 질문을 기억하시라. "당신에게 남은 3개월의 삶을 내게 파시오. 그러면 3천억 원을 주겠소." 자 이제, 어떤 선택을 할 것 같은가.

아름다운 마무리를 위한 7계명

유품정리사

김새별

여기, 독특한 이삿짐센터가 있다. 그들이 짐을 옮기는 곳은 지상이 아니라 '천국'이다. 천국으로의 이사라니. 말도 안 될 것 같은 이 일이 '정리 멘토' 김새별의 주업이다. 강연 '100℃(94회)'와 『떠난 후에 남겨진 것들』이라는 저서로 조용히 우리에게 알려진 유품정리사 김새별. 그는 자신의 일을 이렇게 설명한다.

"고인이 세상에 살았던 흔적을 모두 지우는 일이다. 좋게 표현하면 천국 이사를 돕는 사람이지만 실제로는 굉장히 우울하고 슬픈 과정이다. 그럼에도 누군가는 반드시 해야 할 일이고 세상에 꼭 필요한 일이다."

1천 명이 넘는 이의 천국 이사를 도운 그가 말한 '아름다운 마무리를 위한 7계명'은 그래서 울림이 있다. 꼭 한 가지씩 실천해 보길 바란다. 당신이 떠난 마지막 자리에 당신의 흔적을 더듬을 소중한 사람들을 위해.

정리를 습관화하라

그가 1천 명의 천국 이사를 도우며 느낀 공통적인 한 가지 깨달음은 매우 명확하다. 당신이 떠나고 난 자리가 아름다울수록 남겨진 사람들의 슬픔이 덜하다는 것.

인생의 마지막은 필연적으로 '게으름'을 동반한다고 김새별은 말한다. 세상에 상처받고, 사람에 실망하고, 먹고사는 일에 치여 삶의 의지를 놓을 때쯤 게으름도 함께 찾아온다. 게으름과 비례해 주변의 찌꺼기는 쌓인다. 간결함의 미학, 미니멀리즘의 가치가 이때 필요하다는 의미다.

정리법은 간단하다.

1. 쓸모없는 물건은 과감히 버려라.

2. 쓸모 있는 것은 주변 사람들에게 나눠 줘라.

3. 내가 사는 공간을 단순하고 청결하게 유지하라.

데스 노트를 적어라

김새별은 직접 하기 힘든 말은 글로 적으라고 강조한다. 저주의 의미 '데스Death 노트' 대신 긍정적인 의미의 '데스 노트'라고 명명하면 될 듯하다. 여기에 차마 말할 수 없었던 고민이나 아픔을 일기처럼 담담하게 적으면 된다. 얼굴 맞대고 말할 수 없었던 고마움이나 사랑을 표현하는 글도 괜찮다. 잊지 말아야 할 주의사항은 눈에 잘 띄는 곳에 둬야 한다는 것. 이런 정성의 흔적들은 남겨진 사람들이 겪을 상실의 고통을 상쇄하는 데 요긴하게 쓰인다. 일종의 '작은 배려'다.

중요한 물건은 찾기 쉬운 곳에 둬라

그가 충격을 받은 적이 있다. 고독사한 노인의 방에서 유품을 정리하는데, 전기장판 아래에서 5만 원짜리 지폐가 무더기로 나온 것이다. 아들에게 연락했더니 그것만 챙겨서 바로 사라졌다고 한다. 안타까운 현실을 반영한 듯한 스토리지만 기억해 둬야 할 건 있다. 중요한 물건은 찾기 쉬운 곳에 보관해야 한다는 것이다. 유품 정리 때마다 그는 이런 중요한 귀중품들이 종종 장롱 아래, 베개 속, 액자 뒷면 등에서 나온다고 한다. 이런 유품들이 아차 하는 사이에 버려질 수도 있다. 반대로 분란이 될 소지가 있는 대출이나 차입 등

금전적인 요소들은 미리 해결해 놓는 게 중요하다. 남겨진 자식들이 슬픔을 느끼기도 전에 한정 승인·상속 포기 같은 냉정한 법적 절차를 밟는 과정을 거칠 수도 있다. 미리 마음의 준비만 하게 해 줘도, 남겨진 이들은 한결 편안함을 느낄 수 있다.

병을 숨기지 마라 = 짐은 나누어라

그는 한 아버지의 죽음을 기억한다. 하나뿐인 딸에게 짐이 될까 병을 숨긴 채 6개월을 홀로 버티다 사망한 것이다. 하루에도 몇 번씩 사진 속 딸을 보며 그리움을 달랬지만 부담이 되는 말을 할까 두려운 마음에 전화를 걸지 못한다. 남겨진 딸은 아버지가 홀로 고통을 견디다 돌아가신 것을 나중에 알고 충격에 빠진다. 죄책감에 딸은 마음의 병을 얻었고 괴로운 삶을 이어 가고 있다고 한다.

김새별은 단언한다. 가족들에게 병을 숨기는 일은 '짐'이 아니라 '죄책감'을 얹어 주는 일이라고. 병을 밝히는 것은 잠깐의 짐이 되지만, 병을 감추면 자식에게 평생의 죄책감을 남길 수 있다는 것이다. 앞서 법륜 스님도 이런 말을 했다. 누구나 고통 없이 죽으려 하는데 고통을 숨긴 채 떠나는 죽음이 가장 '이기적인 죽음'이란다. 남겨진 이의 아픔을 전혀 배려하지 않기 때문이란다. 스님은 병으로 한 3개월 정도 아프다 가야 그게 이타적인 죽음이라고 오히려 역설한다. 그때쯤 되면 가족들 마음속에 '아이고, 이제 좀 가시지'

하는 마음이 든단다. 그게 정 떼는 거란다. 그러니 병을 숨기지 마시라. 짐은 나누시라.

아끼지 말고 써라

유품정리사인 김새별이 천국 이사를 도우며 충격을 받은 몇 가지 일 중 한 가지는 유품을 정리할 때 한 번도 써 보지 않은 새 물건이 그렇게 많이 나온다는 사실이다. 어렵게 번 돈, 악착같이 저축하면서 매일 고추장이나 김치로 끼니를 때우다 돌연사해 결국 아무것도 누리지 못하고 세상을 떠난 이들이 부지기수다.

그는 힘주어 말한다. 죽을 때 지고 갈 것도 아닌데, 죽기 직전까지 아끼기 위해 너무 많은 에너지를 사용한다고. 또 그것만큼 어리석은 것은 없다고. 내가 없으면 결국 버려져야 하는 유품이고 남겨지는 물건들이다. 지금 아니면 한 번도 쓰이지 못할 것들이다. 그러니 건강한 몸으로 살아 있을 때, 아끼지 말고 마음껏 쓰고 사용하라고 말한다.

유품정리사로 죽은 이들의 천국 이사를 도우며 그가 배운 말이 있다.

"가진 물건은 잘 사용하고, 필요 없는 물건은 과감히 버려라. 지금 이 순간을 살아가는 나를 위해 가진 것을 아끼지 말고 써라."

자신을 위한 삶을 살아라

죽음 직전에 묘하게 드는 마음이 원망이라고 한다. '너 때문에, 너 키우느라, 너를 위해서.' 김새별은 말한다. 관점을 바꿔야 한다고. 이왕 가는 마당에 욕 좀 먹으면 어떤가. 차라리 자신을 위해 살라고 말이다. 관점을 바꾸면 남 때문에, 남을 돕느라 나를 위해 살지 못하던 상황이 변한다. 내가 잘 살아야 남도 도울 수 있는 것이다. 그러니 삶의 막바지에는 이기적으로 살아도 괜찮다.

아름다운 추억만 남는다

좋은 대학, 번듯한 직장, 내 집, 내 차. 이런 것이야말로 마지막에 남길 수 없는 짐이다. 인생 마지막에 남는 단 한 가지 가치는 사랑했던 기억뿐이다. 그러니 당신에게 시간이 얼마 남지 않았다면, 당장 해야 하는 일은 딱 한 가지다. 사랑하는 사람들과 좋은 추억을 많이 남기는 것.

김새별은 외로운 죽음에는 공통점이 있다고 말한다. 경제적 어려움, 고독한 일상, 이웃과의 단절이다. 무엇보다 그들은 마지막 순간까지 가족들을 그리워했다고 한다. 결국 떠나는 그들에게 필요한 것은 경제적 도움이나 위로가 아니다. 안부를 묻는 전화 한 통, 따뜻한 말 한마디다. 굳이 특별하고 힘든 일을 할 필요 없다. 고향에

계신 부모님께 전화 한 통, 그거면 충분하다. 그렇게 작은 관심이
쌓여 아름다운 추억으로 커지니까.

아름다운 마무리를 위한 추억 만들기

인생 황혼기에 접어들면 해외여행은 쉬운 일이 아니다. 돌아다니는 것조차 버거운 일이다. 그래서 먼저 알아 둬야 할 것은 생애 주기별 여행 코스다. 욕심을 버려야 한다. 황혼 추억 만들기에 10대 여행지를 굳이 찍을 필요가 없다.

국내 한 여행사가 '요람에서 황혼까지' 생애 주기별 인기 해외 여행지를 분석해 둔 내용이 인상적이다. 최근 5년간 여행 상품 예약 데이터 약 1천 200만 건을 분석한 자료니 신뢰할 만하다.

1. 미취학 아동(1~7세) : 괌

부모님 품에 안겨 떠나는 생애 첫 해외여행으로 압도적인 선택을 받는 곳이 괌이다. 무려 17.4퍼센트를 차지한다. 다음 선호 지역은 필리핀 세부, 보라카이 등(17.0퍼센트) 동남아 휴양지다. 주로 비행시간 4

시간 30분 전후의 여행지가 핫스폿이다. 이들 지역은 아이의 안전과 동반 가족의 편의에 초점을 맞춘 코스다. 괌 PIC 리조트는 4세 미만 영·유아도 이용 가능한 키즈 클럽을 무료로 운영한다. 필리핀에서는 아이를 함께 돌봐 줄 베이비시터를 쉽게 구할 수 있다.

2. 초등학생(8~13세) : 필리핀

초등학생 연령대의 핫스폿은 필리핀이다. 특히 세부는 휴양과 관광을 적절히 병행해 즐길 수 있어 인기가 높다. 여행 중 아이의 영어회화 경험을 쌓을 수 있는 것도 매력.

3. 중고등학생(14~19세) 및 사회 초년생(20~29세) : 일본

이웃나라 일본은 중고등학생과 사회 초년생들이 선호한다. 스스로 설계하는 첫 해외여행을 일본으로 떠나는 경우가 그만큼 많다는 의미다. 중고등학생 여행객 중에서는 38.3퍼센트가, 사회초년생 중에서는 43.2퍼센트가 각각 여행 목적지로 일본을 선택했다. 일본 내에서 가장 선호하는 여행도시는 오사카.

3. 신혼기(30~34세) 및 자녀 육아기(35~44세) : 목적지 다변화

신혼기와 자녀 육아기에 접어든 여행객들은 다양한 여행 목적지를 고른다. 가장 선호하는 여행지는 필리핀, 태국, 일본 오사카, 홍콩 등 동남아 권역. 타 연령대보다 유럽 국가를 여행하는 비중이 높은 것도 눈

길을 끈다.

4. 중년기 이후(45세~) : 베트남, 중국

황혼 여행지로 가장 선호하는 지역은 베트남과 중국이다. 40대와 50대는 주로 중부 휴양지인 다낭과 호이안 여행을 선택했고, 60대 이후부터는 북부 하노이와 하롱베이를 묶어 여행하는 경우가 대부분이다. 60대 이상 여행객들은 북경, 청도, 장가계를 비롯한 중국 본토나 백두산 여행을 다른 연령대보다 선호하는 경향을 보인다.

그렇다면 국내는 어떨까? 여행 고수들이 꼽는 황혼, 중년 부부들이 함께 떠나기 좋은 국내 여행지는 다섯 군데 정도다.

1. 제주도

명불허전 제주. 2박 3일, 3박 4일 코스도 좋지만 황혼기라면 한 달 살이에 역으로 도전해 봐도 좋다. 중요한 것은 여행 콘셉트. 테마를 잡고 떠나는 건 필수다. 해안도로 정복이라면 '제주 돌마을 공원–신창리 해안도로(풍차)–차귀포구와 월봉–송악산 전망대' 이런 식으로 딱딱 코스를 잡아 둬야 한다. 요즘 한정판으로 일정 인원을 정해 올라야 하는 한라산은 당일치기가 가능한 성판악 코스가 비교적 덜 힘들다. 자연을 원하면 '섭지코지–일출봉–우도' 등으로 코스를 잡아 보실 것.

2. 강화·석모도

서울 근교라면 강화도권이 제격이다. 바닷바람을 맞으며 마음껏 호사를 부릴 수 있는 최고의 핫스폿이다. 특히 BTS^{방탄소년단}가 다녀간 사찰로 유명세를 타고 있는 석모도 보문사는 소원 명당 코스로 필수. 허리에 무리가 가는 삼천배도 이곳 '오백 나한상' 앞에선 여섯 번(500×6 = 3,000)만에 간단히 끝낼 수 있다. 민머루 해수욕장에서 썰물 때 갯벌놀이하며 추억을 쌓는 것은 덤. 요즘은 노천탕까지 있어 석양을 보며 온천도 즐길 수 있다.

3. 거제·통영

말이 필요 없는 한국의 나폴리. 거제도의 톱4 명당은 '외도-바람의 언덕-신선대-몽돌해변'이다. 특히 외도 보타니아는 해외에 와 있는 듯한 이국적인 느낌을 받을 수 있는 이색 핫플레이스다. 인생샷 추억까지 남길 수 있으니 황혼 여행지로 안성맞춤이다. 통영 동피랑 마을과 케이블카 투어를 끝낸 뒤에는 건강식도 필수. 멍게 비빔밥 등 신선한 해산물로 맛집 투어도 도전해 보실 것.

4. 담양

한 번 사는 인생에 제대로 누벼야 할 곳이 담양이다. 대나무 죽녹원에서 내 인생에도 '힐링의 마디'를 잘 만들었는지 뒤돌아보고, 메타세쿼이어 길에선 인생샷도 남길 수 있다. 낭만과 여운이 가득한 이곳,

BTS의 리더 RM이 다녀가면서 더 인기를 모으고 있다. 가을에는 대나무 박람회도 열린다.

5. 경주

복고*Retro*와 현대의 만남, 뉴트로*New+tro* 여행의 핫플레이스다. 일단 요즘 필수 코스가 된 황리단길부터 밟아야 한다. 예스러움을 간직했던 황남동, 사정동에 새로움을 입힌 기념품점과 독립서점, 소품점, 트렌디한 카페와 음식점이 들어선 황리단길. 1시간짜리 도보여행 코스(신라초등학교-사정동 골목길-황리단길)를 추억을 밟으며 걸어 보길 권한다. 신라초등학교는 KBS 드라마 〈참좋은 시절〉 촬영지이며, 사정동 골목은 한옥의 운치가 묻어난다.

가족이 아닌, 황혼의 친구들과 진정한 추억 만들기를 원한다면 신라문화원이 주최하는 추억의 경주 수학여행 투어 프로그램을 이용해 볼 만하다. 7080세대라면 수학여행지로 무조건 들렀을 경주. 그 시절 옛 교복을 착용하고, 사각 도시락에 밥을 먹고, 추억의 음악과 물건들로 담소를 나누는 1박 2일이 시간을 뭉텅 잘라 과거로 되돌려 놓는다.

인생에 한 번은 무덤을 가라

소설가

김영하

조금 특이한 멘토가 있다. "책도, 삶도, 조언도 뒤집어라"라고 조언한다. 그는 여행도 특이한 방식으로 한다. 여행할 때 남들이 버킷리스트 1순위에 올리는 소위 '가슴 뛰는 곳'부터 달려가지 않는다. 오히려 남들이 여행지라고 생각지도 않는 장소, 예컨대 도시의 '무덤'을 찾아간다. 여행지에서 음식을 주문할 때도 그는 메뉴판 앞장부터 보지 않는다. 판을 뒤집어 맨 뒷장 메뉴부터 주문한다. 필자는 이 여행자를 '여행 멘토' 자리에 올린다. '일상의 뒤집기'를 선언한 독특한 여행 멘토, 『여행의 이유』라는 베스트셀러를 쓴 소설가 김영하다.

가슴 뛰는 일에 매달리지 마라

성공을 맛본 많은 사람이 가슴 뛰는 일을 하라고 조언한다. 하지만 김영하는 이를 뒤집는다. 반대로 '가슴 뛰는 일에 매달리지 마라'고 단언한다. 어느 쪽 말을 따라야 한단 말인가. 20대 혹은 30대 초반쯤 되면 누구나 이런 고민을 한다. 좋아하는 일과 잘하는 일, 둘 중 어떤 일에 인생을 걸어야 할까.

대다수 멘토들은 '좋아하는 일'에 몰두하고 파고들라고 할 것이다. 그저 잘하는 일에 매달리다간 '쉬 지루해진다, 싫증 나면 어쩌려고 그러느냐'며 수많은 자기계발서들을 통해 꼬드긴다.

하지만 김영하는 반대다. 좋아하고 가슴 뛰는 일, 과감히 버리라고 잘라 말한다. 오히려 내가 잘하는 일에 몰두하라고 강조한다.

그는 이렇게 뒤집어 말한다. 인간의 마음이라는 건 하루에도 수십 번 바뀌는 요물 같은 존재다. 가슴 뛰는 일 하다가 어느 순간 가슴이 뛰지 않는 돌발 상황이 누구에게나 일어난다. 그 순간, 그 허전함은 돌이킬 수 없다. 차라리 좋아하지 않아도 잘하는 일을 하라.

그는 이런 경고도 한다. "가슴 뛰는 일을 하고 싶은데 그 일이 서툴면 어쩔 건가?"라고 되묻는다.

김영하는 고대 그리스의 철학적 사색으로 부연 설명을 한다. 인간이 느끼는 즐거움이 어디서 오는가는 고대부터 내려온 인류학적 고민이다. 수천 년 고민 끝에 결국 철학자들은 '삶의 만족은 잘하는 것에서 온다'고 결론을 내렸다는 것이다.

예컨대 이런 식이다. 아이들을 가르치는 선생님이 교사는 자신의 천직이 아니라고 생각한다. 그런데 특이하게 아이들을 설득하고 호흡하며 소통하는 데 탁월한 능력이 있다. 본인은 썩 즐겁지 않은데도 아이들이 잘 따른다. 이런 생활을 몇 년 하다 보니 본인도 서서히 만족도가 올라간다. 잘하는 일을 계속했을 때 얻어지는 만족이다. 자신의 일이 남들이 선망하는 직업이 아닐 수도 있다. 꿈꿨던 직업이 아닐 수도 있다. 하지만 잘하는 일을 한다는 것은 일단 몸과 마음이 편하다.

뒷장부터 주문하라

김영하는 여행법도 뒤집는다. 산문집 『여행의 이유』에서 여행 작가에게 필요한 자세에 대해 언급하는 대목이 있다. 그러면서 여행지에서 음식 고르는 자신만의 노하우를 소개한다. 이른바 '뒤집기 주문법'이다.

메뉴판이 있다. 메인 요리가 여러 장일 경우는 맨 뒷장, 한 장일 경우는 맨 아래에 있는 메뉴부터 주문한다. 식당 대부분은 메뉴를 작성할 때 무난한 음식은 위쪽에, 난해하고 도전적인 음식은 아래쪽에 배치한다.

김영하의 조언대로 끝에서부터 주문하면 실패할 확률이 높다. 그런데 어째서 반대로 주문하라는 건가? 바로 여기에 김영하의 통찰이 담긴다.

"하단에 있는 메뉴가 맛에서는 실패할 확률은 높다. 하지만 그 인상적인 실패 경험이 놀라운 소재가 된다. 그 실패한 음식에 대해 두고두고 이야기하게 될 것이고 누군가는 그것을 글로 쓰게 될 것이다."

재밌는 방식이다. 인생 멘토들 중에는 잡지를 읽을 때 아예 뒷장부터 본다는 이들도 많다. 이유는 단순하다. 발행된 그 잡지의 묶음적 통찰이 담긴 편집자 레터 비슷한 글이 보통 뒷장에 들어간다. 게다가 촌철살인 같은 문체를 지닌 칼럼도 대부분 뒷장에 배치된다. 핵심 두 가지를 미리 본 뒤, 다시 앞으로 돌아가 정독하면 오히려 그 잡지가 눈에 콱 박힐 수밖에 없는 것이다.

일단 써라

김영하는 글쓰기 방식도 뒤집는다. 전체의 주제를 정한 뒤, 하나하나 배치하는 시스템적인 방식을 쓰지 않는다. 그는 아예 첫 문장부터 적어 놓고 고민을 시작하라는 주의다. 일단 쓰라는 말이다.

"무엇이든 일단 첫 문장을 적으십시오. 그것이 모든 것을 바꿔놓을

지도 모릅니다.”

김영하가 쓴 『말하다』에 나오는 문장이다. 어찌 보면 무책임해 보인다. 일단 쓰고 보라니. 김영하는 글쓰기 강연 때마다 카프카의 『변신Die Verwandlung』 첫 문장을 예로 든다.

“어느 날 아침 그레고르 잠자가 불안한 꿈에서 깨어났을 때, 그는 침 대 속에서 한 마리의 흉측한 갑충으로 변해 있는 자신의 모습을 발 견했다.”

『변신』의 첫 문장이다. 카프카는 이 문장을 쓸 때까지 전혀 변신 에 대한 구상이 없었다. 그냥 자고 일어났더니 불현듯 이 문장이 떠 올랐고, 벌레로 변한 남자의 이야기가 탄생한 것이다. 이 문장이 마 음에 든 그는 그다음 문장을 적었고, 그리고 또 그다음 문장을 이어 간다. 그렇게 토막토막 이어진 글이 소설이 된 것이다.

『글쓰기의 최소원칙』에서 그는 “애초의 의도대로 작품이 되는 것 은 목수나 건축가의 일이다”라고 언급한다. 소설, 글이라는 건 처음 가려던 지점과는 엉뚱한 곳에 도착하는 일이라는 의미다.

그러니 일단 써야 한다. 그게 의미가 있든 없든, 그저 쓰면 된다.

그가 『여행의 이유』를 쓴 뒤 여행기를 쓰는 법을 조언하기 위해 구상한 것이 '첫 문장 노트'다. 첫 문장은 김영하가 쓴다. 그저 의미

없는 한 줄이다. 그다음 문장은 독자들이 이어 가는 것이다.

그대, 책을 한 권 내고 싶은가. 그렇다면 고민할 것 없다. 일단, 써라.

가끔은 무덤을 가라

그는 여행법도 뒤집어 버린다. 버킷리스트를 찾아 그 의미를 파헤치는 흔한 방식 따위 없다. 〈알쓸신잡〉에 함께 출연했던 유시민 작가가 감탄사를 연발했던 여행법, '무덤 여행'이다. 이탈리아 피렌체 편에서도 그는 두오모 성당, 우피치 미술관 같은 핫스폿을 제쳐 두고 굳이 찾아간 곳이 영국인 묘지다. 그의 말을 들어보자.

"저는 여행 가면 그 도시의 묘지를 꼭 한 번씩 가 봐요. 일단 조용하죠. 고요합니다. 산 사람이 별로 없으니까. 유명한 관광도시를 여행하다 보면 도시가 주는 온갖 소음에 지치는 경우가 많거든요. 그때 휴식 같은 시간을 보낼 수 있기 때문이죠."

김영하가 인생 여행지로 꼽는 곳은 프랑스 파리의 에펠탑이 아니라, 놀랍게도 파리의 '페르라셰즈' 묘지다. 공동묘지를 파리 도심 가까운 곳에 둔 것도 놀랍지만 이 무덤엔 짐 모리슨, 쇼팽 같은 유명인의 묘가 안장돼 있기 때문이라는 설명이다.

실제로 페르라셰즈는 세계적으로 여행족에겐 무덤이 아니라 여행 성지 같은 곳이다. 웬만한 파리 가이드북에는 '파리의 가볼 만한 곳 넘버원으로 페르라셰즈 무덤Cimetiere du Pere Lachaise'을 추천한다. 여행 방문자 성비를 봐도 그렇다. 그 섬뜩한 무덤에 여성, 그것도 30대 이하 젊은 층 방문율이 압도적으로 높다. 한때 프랑스 관광청이 이 무덤 방문객 수를 산정한 적이 있는데, 이 수치가 매우 놀랍다. 루브르 박물관, 에펠탑, 노트르담 성당, 베르사유 궁전에 이어 다섯 번째로 많은 수치를 기록한 거다. 매년 200만 명 이상 여행족이 지금도 계속해서 다녀가고 있다.

무덤은 고요함, 평온함 외에도 얻어 가는 보너스가 많다. "아빠, 하늘나라에서 곧 봐요", "이 표정 그대로, 하늘에서도 웃으세요" 같은 남은 가족들이 남긴 문구에서 남은 자의 진심을 읽을 수 있다.

김영하의 여행 뒤집기는 도시의 구조에 대한 고민으로 나아간다.

"도시를 설계할 때 우리도 산 자와 죽은 자가 공존하는 방법을 고려해 봐야 하거든요. 우리가 영원히 사는 게 아니니까요."

따지고 보면 죽은 자와 산 자, 공존의 결정체가 무덤이다. 사실 대한민국, 우리 문화는 조금 다르다. 죽은 자에 대해서는 '음택'으로 분류해 철저히 '양택' 즉 산 사람들이 사는 곳과 격리시킨다. 하지만 세계적인 관광 대국들은 반대다. 오히려 죽은 이와 산 자의 경계를 허물고 공존을 고민하니 이런 공동묘지의 핫스폿이 도심 속에 그저 공원처럼 펼쳐져 있는 것이다.

가슴을 울리는 특별한 여행을 꿈꾸는가. 그렇다면 멀리 갈 것 없다. 인생에 한 번, 무덤을 가 보시라.

바닥을 칠 땐, 한 번쯤

인생 만만치 않다. 누구나 한 번쯤은 바닥도 친다. 이럴 때 가볼 만한 곳이 추모 공원이다. 대표적인 곳이 경기도 벽제 승화원, 부산 기장 추모공원 같은 곳이다. 요즘은 마치 생태공원처럼 화장터를 조성해 놓고 있으니 분위기도 좋다. 주중에 조용한 날을 골라 화장터나 납골당에 가면 김영하의 말처럼 그 흔한 소음도 없고, 복잡함도 없다. 여기서 꼭 봐야 할 것은 남은 가족들이 진심을 담아 남긴 방명록이다. 남은 이들의 사랑과 진심이 섞여 있는 이 방명록은 읽어 보는 것만으로도 감동이다. 어린 자녀가 "아빠, 하늘나라에서 보자"라며 그때까지 건강하게 지내라는 아픈 글도 있고, "다시 태어나도 당신과 살고 싶다"라는 애틋한 미망인의 언급도 있다.

아예 삶과 죽음을 되새기는 '추모 힐링 투어'라는 상품도 있다. 서울시설공단은 주기적으로 망우리 공원묘지, 서울시립승화원, 용미리묘지, 서울추모공원 등 시가 운영하는 다양한 장사 시설을 견학하는 프로그램을 만들어 놓고 있다. '묘역 따라 역사여행', '성찰 여행', '아름다운 여행 I', '아름다운 여행 II', '아름다운 동행' 등 다섯 가지 주제다. 한국을 움직인 인생 멘토들의 흔적을 느껴 보는 과정도 있다. '묘역 따라 역사여행'은 한용운, 이중섭 등 망우리 묘역에 안치된 역사적 인물들의 삶을 되돌아보는 체험학습 코스다. '성찰 여행'은 서울시립승화원과 용미리 묘지를 둘러보며 우리나라 장례문화의 변천사를 확인한다. '아름다운 여행 I', '아름다운 여행 II'는 서울추모공원 시설을 견학한다. 생명존중, 자살예방과 관련된 내용이 담겼다. 사전장례의향서, 묘비명 작성하기 등 웰다잉을 위한 다양한 프로그램도 마련된다. 15인 이상의 단체만 신청 가능하다. 참가신청은 서울시 공공서비스 예약 시스템에서 할 수 있다. 참가비는 무료다.

참고 문헌 및 영상

참고 문헌 - 국내

「고요할수록, 밝아지는 것들」 혜민스님, 2018, 수오서재

「글쓰기 최소 원칙」 김영하·김훈 등, 2008, 룩스문디

「기다리는 행복」 이해인, 2017, 샘터

「내일은 못 볼지도 몰라요」 김여환, 2015, 쌤앤파커스

「당신은 아무 일 없던 사람보다 강합니다」 김창옥, 2016, 수오서재

「돈 공부는 처음이라」 김종봉·제갈현열, 2019, 다산북스

「돈의 속성」 김승호, 2020, 스노우폭스북스

「디지로그」 이어령, 2006, 생각의나무

「디퍼런트」 문영미, 2011, 살림Biz

「떠난 후에 남겨진 것들」 김새별, 2015, 청림출판

「뚝」 이외수, 2015, 김영사

「마음 성공」 윤대현, 2014, 민음사

「멈추면, 비로소 보이는 것들」 혜민 스님, 2017, 수오서재

「메타인지 학습법」 리사 손, 2019, 21세기북스

「바닷가 작업실에서는 전혀 다른 시간이 흐른다」 김정운, 2019, 21세기북스

「부의 확장」 천영록·제갈현열, 2020, 다산북스

「사이드 허슬러」 심두보, 2020, 회사밖

「아프니깐 청춘이다」 김난도, 2010, 쌤앤파커스

「어차피 레이스는 길다」 김하나, 2012, 문학동네

「언니의 독설」 김미경, 2012, 21세기북스

상위 1퍼센트의 결정적 도구

『에디톨로지』김정운, 2014, 21세기북스

『에디톨로지』김정운, 2018, 21세기북스

『여행의 이유』김영하, 2019, 문학동네

『열두 발자국』정재승, 2018, 어크로스

『인생이란 나를 믿고 가는 것이다』이현세, 2014, 토네이도

『지금 이대로 좋다』법륜, 2019, 정토출판

『판을 엎어라』이세돌, 2012, 살림출판사

『하악하악』이외수, 2008, 해냄

『힘빼기의 기술』김하나, 2017, 시공사

참고 문헌 - 국외

『게으른 백만장자』마크피셔, 2007, 밀리언하우스

『넛지』리처드 H. 탈러, 2018, 리더스북

『돈, 뜨겁게 사랑하고 차갑게 다루어라』앙드레 코스톨라니, 2015, 미래의창

『머니트리 키우기』로버트 알렌, 2001, 가야북스

『부의 추월차선』엠제이 드마코, 2013, 토트출판사

『부자들은 왜 장지갑을 쓸까』카메다 준이치, 2011, 21세기북스

『생각이 돈이 되는 순간』앨런 가넷, 2018, 알에이치코리아 · RHK

『슈퍼 트레이더』반 K. 타프, 2012, 이레미디어

『언스크립티드』엠지에드마코, 2018, 토트출판사

『인생에 승부를 걸 시간』데이비드 오스본, 2018, 유노북스

『죽음』베르나르 베르베르, 2019, 열린책들

『타이탄의 도구들』팀 페리스, 2017, 토네이도

참고 영상 —————————————————————

김창옥 〈사는 게 숨이 찰 때〉

www.youtube.com/watch?v=1mPK7siCNNU/2019.2

나영석 PD 〈Be Creative!, 꽃할배, 삼시세끼 탄생비화!〉

www.youtube.com/watch?v=_fXvxnetgg8

김승호 〈부자만 알고 있는 돈의 비밀 5가지〉

youtube.com/watch?v=phUwO6RDnkA&t=187s)

윤대현 〈성장문답, 계획만 하고 실천하지 못하는 당신이 반드시 들어야 할 대답〉

youtube.com/watch?v=5GOEDWGn_v0

박찬호 〈mbn Y포럼, 박찬호 영웅의 멘토는 누구였을까요?〉

상위 1퍼센트의 결정적 도구

www.youtube.com/watch?v=LIL5VTDMSm8

이외수 〈가치관을 수정하라 MBC 특강〉

www.youtube.com/watch?v=d7TFy9DrMrl&t=2247s

봉준호 〈KAFA masterclass, 영화 창작 과정에서 우리를 두렵게 하는 것들〉

www.youtube.com/watch?v=DWYXS3sA1Lk

The Hidden Tools